Alemanha 1938
Um militar brasileiro e sua família na Alemanha nazista

Eduardo Infante

Alemanha 1938
Um militar brasileiro e sua família na Alemanha nazista

São Paulo – SP
Brasil
1ª Edição
2012

Dados Internacionais de Catalogação na Publicação (CIP)
(Câmara Brasileira do Livro, SP, Brasil)

Infante, Eduardo
Alemanha 1938 : um militar brasileiro e sua família na Alemanha nazista / Eduardo Infante. - 1. ed. - São Paulo : Prata Editora, 2012

1. Alemanha - Descrição e viagens 2. Brasil. Exército 3. Brasil - Forças Armadas 4. Brasil - História 5. Família - Histórias 6. Guerra Mundial, 1939-1945 7. Histórias de vida 8. Lima, Gellio de Araújo 9. Militares - Brasil - Biografia 10. Nazismo I. Título

12-02521   CDD-935.5

Índices para catálogo sistemático:
1. Militares na Alemanha nazista : Histórias de vida : Biografia 923.5

revisão ortográfica Maria Cristina I.V. De Lucca
projeto gráfico e capa aeroestúdio

Prata Editora e Distribuidora
www.prataeditora.com.br
facebook/prataeditora

Todos os direitos reservados ao autor, de acordo com a legislação em vigor. Proibida a reprodução total ou parcial desta obra, por qualquer meio de reprodução ou cópia, falada, escrita ou eletrônica, inclusive transformação em apostila, textos comerciais, publicação em websites etc., sem a autorização expressa e por escrito do autor. Os infratores estarão sujeitos às penalidades previstas na lei.

Impresso no Brasil/Printed in Brasil

Agradeço ao Arquivo Histórico do Exército, pelas importantes e vitais informações fornecidas, sem as quais essa obra perderia grande parte do seu valor histórico.

Ofereço esta obra à minha mãe, Lourdes, e às minhas tias Izza (Mariolizza), Albinha (Alba) e Laïs, que são personagens deste livro. Também à tia Nena (Irene), a irmã caçula, que ainda não havia nascido na época desta história. Ao "Vô" Gellio e à "Vó" Alba, com muita saudade...

Dedicatória especial
Para minha filhinha Lívia, com todo
o amor do papai.

SUMÁRIO

INTRODUÇÃO 11

CAPÍTULO I
A MISSÃO BRASILEIRA 15

CAPÍTULO II
A VIAGEM PARA A ALEMANHA 29

CAPÍTULO III
A CHEGADA NA ALEMANHA 43

CAPÍTULO IV
O TRABALHO NA MISSÃO MILITAR 55

CAPÍTULO V
ALFRIED KRUPP 69

CAPÍTULO VI
A ESCOLA DAS MENINAS 79

CAPÍTULO VII
A VIDA DA FAMÍLIA EM ESSEN 91

CAPÍTULO VIII
YOLANDA E INÉSIA 109

CAPÍTULO IX
O INÍCIO DA SEGUNDA GUERRA MUNDIAL 115

CAPÍTULO X
**A PERSEGUIÇÃO AOS JUDEUS
E O FANATISMO NAZISTA 131**

CAPÍTULO XI
DEIXANDO A ALEMANHA 147

CAPÍTULO XII
DE PARIS PARA O RIO DE JANEIRO 155

CAPÍTULO XIII
O RETORNO DE GELLIO AO BRASIL 171

CAPÍTULO XIV
**NOVAMENTE EM CASA
E A VIDA NO BRASIL 183**

INTRODUÇÃO

Este livro se baseia em fatos reais ocorridos no final da década de 30 e início dos anos 40. É a história do então major Gellio de Araújo Lima (pronuncia-se "Gélio") e sua conturbada viagem à Alemanha nazista, a serviço do Ministério da Guerra e do Exército Brasileiro. Seu desempenho nessa missão, sua brilhante carreira militar como engenheiro, comandante e oficial do Estado Maior das Forças Armadas fez com que chegasse à mais alta patente do Exército, concedida apenas a oficiais Generais que estiveram na ativa, em períodos de guerra. Não existe mais nenhum Marechal vivo no Brasil e não poderá haver, a não ser que o Brasil participe novamente de alguma guerra.

O Marechal Gellio de Araújo Lima foi um dos últimos oficiais a alcançar essa patente e, com certeza, um dos mais brilhantes engenheiros militares formados com louvor na escola que antecedeu ao atual IME (Instituto Militar de Engenharia).

Sua participação no difícil período da Segunda Guerra Mundial não se deu nos campos de batalha, mas nessa missão militar de caráter diplomático para a aquisição de armas, exatamente de quem se tornaria nosso inimigo na guerra: a Alemanha.

Tudo aconteceu no período imediatamente anterior ao início das hostilidades na Europa até poucos meses depois do começo da Guerra. O major Gellio, então com 42 anos de idade, era formado em engenharia civil e militar, já havia comandado bases militares e fortes e era uma peça importante no processo de compra de armamento importado para o Exército Brasileiro. Era fluente em alemão e francês, diferentemente da maioria dos oficiais da época que aprendiam inglês ou francês como segunda língua.

O que será contado neste livro, não é uma história de guerra como as outras, mas sim a aventura de um oficial brasileiro e de sua família que moraram na Alemanha nazista, convivendo com os mais altos escalões do Exército de Hitler e da elite nazista, conhecendo de perto o poderio militar alemão e, depois, sendo obrigados a fugir para garantir a sua segurança a qualquer custo, mesmo que isso significasse um enorme risco, principalmente para Gellio.

Foi um período negro na História do século XX, vivido de forma única por esse grupo. O que poderia ter sido uma missão tranquila acabou se tornando uma aventura arriscada e muito perigosa. Enfrentar a desconfiança dos alemães, presenciar a perseguição aos judeus, sem quase nada poder fazer; sofrer ameaça constante de bombardeios e, depois, fugir arriscadamente pela Alemanha e outros países que estavam caindo sob domínio nazista, certamente não foi nada fácil. Apesar de tudo isso, essa viagem teve um lado bem diferente e interessante.

A família vivenciou o dia a dia dos alemães, a rotina das crianças na escola, fazer compras, passear e viajar nos finais de semana, férias, frequentar reuniões e festas nas casas de oficiais alemães e da elite social de Essen. Sua estada estava programada para durar cinco anos, mas tudo mudou com a guerra.

Mesmo para pessoas de uma família brasileira, de bom nível cultural, econômico e social daquela época, morar na Europa e, em especial, na Alemanha, no final dos anos 30, era como morar "em outro planeta". Os hábitos, a cultura e o padrão de vida dos alemães nessa mesma faixa social eram muito diferentes e atraentes para essa família brasileira. Deve ter sido, realmente, uma experiência impressionante.

CAPÍTULO I
A MISSÃO BRASILEIRA

Era a década de trinta do Século XX; o Brasil era governado por Getúlio Vargas, um homem de carisma incrível e adorado pela maioria do povo brasileiro, apesar de conduzir uma ditadura nos moldes fascistas de Mussolini. Vivíamos uma época de tranquilidade econômica, não havia inflação significativa e Getúlio havia implantado o trabalhismo no País.

Getúlio criou uma situação de certa ambiguidade ao ser um ditador, restringindo as liberdades individuais e mantendo-se à força no poder, mas, ao mesmo tempo, se preocupava com o apoio popular. Era um ditador que se utilizava de estratégias trabalhistas no próprio governo.

Ficou conhecido, na época, como o "Pai dos Trabalhadores"; e a criação da legislação trabalhista no Brasil, em vigor até os dias de hoje, é apontada como a principal conquista da chamada "Era Vargas". O trabalhismo, sem sombra de dúvida, foi o maior legado deixado por Getúlio Vargas à sociedade brasileira.

Ao mesmo tempo, um cenário muito sombrio se formava na Europa. O regime fascista de Mussolini e o nazista de Hitler começavam a dar sinais de que se preparavam para uma mudança em relação aos seus vizinhos europeus. A Alemanha já havia anexado, total ou parcialmente, alguns países europeus, pouco tempo antes. A Itália também estava fazendo incursões em territórios de outros países e expandindo suas fronteiras, de acordo com sua capacidade e poderio militar.

O expansionismo começava a tomar forma nas propagandas nazistas e na tentativa de mostrar ao mundo a superioridade germânica. Mussolini, por sua vez, estava visivelmente preparando o poderio militar italiano para dar apoio à Alemanha e conseguir expandir o território da Itália.

Nesses dois países, governados de forma dura pelos seus ditadores, havia uma estratégia clara de envolver o povo, ou melhor, de engajar o povo nos objetivos de Hitler e de Mussolini. Por esse motivo, havia, tanto na Alemanha quanto na Itália, um crescente sentimento de nacionalismo incitado pelos governos e cada vez mais acolhido pela população.

Na Alemanha, Hitler era quase idolatrado pela maioria do povo. A Primeira Guerra Mundial havia sido uma derrota vergonhosa para a Alemanha que, em decorrência disso, mergulhou em profunda crise financeira e promoveu a perda dos valores nacionais.

Com a ascensão do partido nazista e de Hitler, a economia do país foi rapidamente recuperada, a qualidade de vida do povo melhorou de forma impressionante e todo o crédito foi dado a Hitler.

O povo alemão viu seu padrão de vida melhorar rapidamente graças à política econômica de Hitler e, por essa razão, o futuro ditador passou a ser muito respeitado em seu país. Foi uma prova de competência política e administrativa.

Os nazistas aproveitaram esse momento e começaram um plano de exaltação ao nacionalismo, conclamando toda a sociedade alemã a se unir aos ideais de Hitler e de seu partido. Tudo que Hitler e os nazistas quisessem realizar na Alemanha seria feito com o apoio popular e, ao mesmo tempo, com o uso do terror e do medo.

É nesses momentos que a "massa" do povo, dando apoio integral a um líder, acaba facilitando a criação de um estado ditatorial. Foi o que aconteceu, sem que a grande maioria dos alemães se desse conta.

Já com boa parte dos objetivos expansionistas traçados, o partido nazista iniciou um programa de fortalecimento da indústria bélica alemã. Paralelamente ao desenvolvimento tecnológico e ao crescimento da produção bélica, Hitler passou a equipar, cada vez mais, as forças armadas alemãs, aumentando, também, o número de homens.

Mesmo com as suspeitas dos outros países europeus que haviam derrotado a Alemanha na Primeira Guerra Mundial, especialmente Inglaterra e França, Hitler continuou firme em seu plano de aumentar o poderio militar alemão, o mais rápido possível.

Nessa época, a Alemanha já era a maior produtora de armamentos do mundo e detinha tal grau de qualidade na sua produção, que fez com que muitos países passassem a querer comprar o produto bélico alemão.

No Brasil, o nosso Exército sofria, havia décadas, um grave processo de sucateamento do arsenal nacional e, por reivindicação do Ministro da Guerra e dos altos escalões das nossas forças armadas, o Presidente da República, Getúlio Vargas, aprovou, em 1937, a utilização da verba que foi destinada ao reaparelhamento militar. Era o maior montante financeiro destinado a esse tipo de operação, em toda a História do Brasil.

Até então, tendo pouca verba, o Exército brasileiro tentava se manter com uma produção mínima, realizada por fábricas do próprio Exército. No Brasil, entretanto, só havia uma pequena produção de munição. Até mesmo balas para armas leves precisavam ser importadas!

O Ministro da Guerra, General Eurico Gaspar Dutra, tentando mudar o quadro de declínio das forças armadas brasileiras, iniciou a reforma do Arsenal de Guerra do Rio de Janeiro e criou o Arsenal do Rio Grande do Sul, visando suprir parte da demanda militar, especialmente por munição. Entretanto, qualquer material bélico mais complexo precisava ser comprado no exterior.

Nesse processo de reaparelhamento e readequação do Exército Brasileiro, promovido pelo Ministro da Guerra, os engenheiros militares exerciam um papel de destaque, pois eles seriam os responsáveis diretos pelos projetos e pela execução de todos os processos de fabricação do Exército.

Dentro desse quadro, o então major Gellio e outros engenheiros militares gabaritados foram escolhidos para fazer parte da comissão militar brasileira, em Essen.

Além de acompanhar a produção e os testes dos armamentos, a missão militar brasileira iria, também, tentar absorver ao máximo os processos de fabricação utilizados pelos alemães. O aprimoramento tecnológico dos membros técnicos da missão militar brasileira era uma determinação do próprio Ministro da Guerra. O General Dutra planejava, no futuro, implantar no Brasil uma indústria bélica mais completa e capaz de produzir armamentos complexos, como tanques, canhões e metralhadoras.

Com o orçamento aprovado, o Exército Brasileiro "saiu às compras" e correu para fechar os acordos necessários para o fornecimento do material previamente orçado. A Alemanha, como a maior e melhor fabricante de armamento, especialmente canhões, ficou com a maior parte da verba do Ministério da Guerra.

Assim que o orçamento de compra foi aprovado e a maior parte das operações de compra já havia sido contratada, o Ministério da Guerra do Brasil criou uma comissão militar que deveria ser enviada à Europa para cuidar de todas as operações necessárias e garantir que todo o armamento comprado fosse produzido dentro dos melhores padrões de qualidade, fosse devidamente testado e chegasse ao Brasil em segurança.

O Ministério da Guerra escolheu a dedo pouco mais de uma dezena de oficiais, para enviá-los à Europa e, em especial, à Alemanha. Os oficiais escolhidos deveriam morar na Europa pelo período necessário, o que se previa, seria de cinco anos.

Esses militares eram, basicamente, engenheiros e técnicos em mecânica e técnicos especialistas em armamentos, principalmente em canhões. Além desse pessoal técnico, havia também, alguns oficiais superiores, que deveriam coordenar as operações nos vários países e servir de ponte política com o Governo do Brasil.

Pelo fato de terem de ficar por um período muito longo na Europa, os militares brasileiros foram autorizados a levar suas famílias, como fariam em uma simples transferência de posto entre cidades brasileiras

A partir do final de 1937, os primeiros integrantes da missão militar brasileira começaram a se mudar para a Alemanha. Até meados do primeiro semestre de 1938, todos os integrantes do grupo de militares brasileiros já estavam na Europa, principalmente na Alemanha.

De todos os acordos de compra de material bélico firmados com os países europeus, um contrato, em especial, chamou muito a atenção da mídia da época, pois se tratava da maior compra de armamentos que o Brasil já havia feito em toda a sua história.

Esse acordo foi firmado com a empresa alemã Krupp, sediada na cidade de Essen, e previa a fabricação, para o Exército Brasileiro, de muitos tipos de armas, mas, especialmente, de mais de mil canhões (1.080 no total, de vários calibres), tanto para uso terrestre, quanto para uso antiaéreo.

Algumas das armas adquiridas pelo Brasil de fábricas alemãs, por ironia, acabaram sendo utilizadas posteriormente, por nossas tropas, contra seus fabricantes, os alemães, na vitoriosa campanha da Força Expedicionária Brasileira (FEB), especialmente alguns equipamentos leves de campanha, canhões menores com maior mobilidade e metralhadoras. Entretanto, na campanha da FEB, a maior parte do armamento utilizado foi fornecida pelos Estados Unidos.

A fábrica Krupp foi escolhida pelo Ministério da Guerra do Brasil, chefiado pelo então Ministro, General Eurico Gaspar Dutra, que se tornaria o sucessor de Getúlio Vargas na Presidência da República, poucos anos depois. O motivo dessa escolha foi o fato de essa indústria ser a maior fabricante de canhões do mundo. Foi uma escolha baseada, principalmente, no aspecto técnico e no desempenho dos produtos.

A qualidade dos canhões fabricados pela Krupp era inegável e já datava, naquela época, de mais de 300 anos. O próprio governo brasileiro já havia adquirido muitos canhões produzidos por aquela fábrica, desde a época do Império.

Desde 1933, quando Adolf Hitler assumiu o controle da Alemanha, as indústrias Krupp foram responsáveis pelo reaparelhamento das Forças Armadas alemãs. Canhões, metralhadoras, tanques; tudo que o Exército do *Reich* precisasse, as indústrias Krupp seriam capazes de produzir.

Podemos dar, como exemplo, os potentes canhões do Forte de Copacabana, no Rio de Janeiro, fabricados pela Krupp e que, por décadas, protegeram parte da costa da cidade que, até 1960, foi a capital do Brasil. Aqueles enormes canhões, que já foram disparados algumas vezes durante episódios importantes da História recente do Brasil, foram comprados da Alemanha no início do século XX.

Após a decisão de fechar o contrato de compra e venda dos canhões e de outros itens de armamento e combate, o Ministério da Guerra brasileiro criou uma comissão composta por oficiais de comando e pelos melhores engenheiros militares do Exército, para que todo o armamento fosse devidamente inspecionado e testado. Tanto a fabricação quanto os testes do armamento, especialmente os canhões, deveriam ser acompanhados por engenheiros militares brasileiros.

O contrato de compra firmado entre o Ministério da Guerra do Brasil e as indústrias Krupp, chamaram a atenção do mundo, pois, além de ser o maior valor já gasto em armamentos pelo governo brasileiro era, também, um dos maiores acordos de fornecimento de armas em curso na época.

A verba destinada pelo governo brasileiro para o reaparelhamento do Exército havia sido disputada por outros países, especialmente pelos Estados Unidos. A decisão pelo produto alemão, além de uma decisão técnica por parte do Ministério da Guerra, também continha um cunho político importante, pois mostrava ao mundo uma aproximação do Brasil com o governo Alemão.

Era para ser um simples procedimento de compra de armas, já realizado anteriormente por nossas forças armadas (apesar de o montante investido ser inédito), mas, o que os oficiais do Exército brasileiro enviados nessa missão não sabiam, era que os acontecimentos que estavam por vir, não só iriam mudar o desfecho da missão, como toda a história daquele século.

A missão brasileira, que teria a duração de cinco anos, teve de ser abreviada devido ao início da Segunda Guerra Mundial. O destino determinado para o major Gellio na Alemanha era a cidade de Essen, no norte do país. Essa localidade era especialmente importante por suas fábricas, não só de material bélico, mas de todo tipo. Era um dos principais pólos industriais da Alemanha naquela época.

Gellio deveria acompanhar a fabricação e os testes dos canhões produzidos pelas indústrias Krupp, o que permitiu que o major brasileiro criasse um relacionamento bastante estreito com funcionários da empresa, especialmente com os engenheiros de produção e com o próprio dono da fábrica, Alfried Krupp, um dos homens mais ricos e poderosos da Europa.

Em Essen, o major Gellio deveria se encontrar com altos oficiais do Exército alemão responsáveis pelo controle da produção do Exército, ou seja, com as pessoas que determinavam às fábricas o que produzir e em que quantidade. Eram oficiais do primeiro e segundo escalões, majores, coronéis e eventualmente algum general.

Além dos militares alemães, Gellio manteria contato de trabalho com engenheiros e com o pessoal administrativo da Krupp além dos outros engenheiros brasileiros, membros da comissão, que responderiam diretamente ao major brasileiro que havia sido nomeado Diretor Técnico da comissão.

O complexo de fabricação da Krupp, em Essen, era composto por grandes indústrias bélicas, que fabricavam canhões, veículos, metralhadoras, tanques etc. e por outras fábricas, que produziam os mais diversos produtos. Era o maior conglomerado industrial da Alemanha e um dos maiores do mundo.

Durante o período da Segunda Guerra Mundial, a Krupp, que era o maior fornecedor de armamentos para o Exército de Hitler, expandiu sua capacidade de produção de maneira incrível. Para isso, abriu fábricas em vários pontos da Europa ocupada pela Alemanha, utilizando mão de obra local, na maioria das vezes, com trabalho forçado de judeus, entre outros.

A qualidade dos armamentos produzidos pela Krupp era indiscutível e, para engenheiros militares como o major Gellio, seria uma grande realização profissional ter acesso e trabalhar em conjunto com os profissionais da Krupp.

O principal produto, e diferencial daquele grupo alemão, era sua siderúrgica, que produzia aço da melhor qualidade existente na época. E aço de qualidade é, entre outros, um dos principais requisitos para a fabricação de canhões e armamentos pesados eficientes e duráveis.

Era um conglomerado industrial gigantesco, que produzia de armamento pesado a panelas. Na construção civil, o aço produzido pela Krupp era, também, muito utilizado. Além disso, a família Krupp era dona de uma enorme variedade de empresas, como lojas, hotéis, mercados etc.

O Exército brasileiro estava interessado em adquirir, especialmente, armamento antiaéreo móvel, canhões de pequeno e médio porte, também móveis, além de metralhadoras, pistolas, lança-morteiros, bazucas etc. A intenção era a de readequar nosso Exército à realidade da época, equipando-o com o que houvesse de mais moderno, e o mais moderno e tecnologicamente avançado era, sem dúvida, o produto alemão.

O major Gellio, que deveria inspecionar a fabricação de todo o material bélico que fosse necessário, precisaria acompanhar baterias de testes de resistência dos equipamentos. Isto significava conferir milhares de disparos de canhões antiaéreos ou rebocar canhões de menor porte por centenas de quilômetros.

Além dos procedimentos técnicos, ou seja, da avaliação da produção e dos testes dos armamentos, Gellio também ficaria parcialmente envolvido com o processo de envio de armamento já testado para o Brasil. Era necessário cuidar do material e acompanhar o transporte, especialmente dos canhões, até o embarque em um navio. De nada adiantaria comprar armamento caríssimo, acompanhar a fabricação e os testes, se eles viessem a ser danificados na viagem para o Brasil.

Diversos membros da missão militar da qual o major Gellio fazia parte foram enviados a outros países europeus para concretizar processos de compras e testes de armamentos. Além de Gellio, alguns oficiais também foram enviados à Alemanha, com tarefas relacionadas à compra de armamentos.

Estar na Alemanha naqueles dias era como estar sentado em um barril de pólvora, prestes a explodir. Só não era possível saber a extensão dos estragos que a explosão iria causar!

O relacionamento e a convivência com os militares e, eventualmente, com membros do partido nazista era provavelmente muito delicada, pois o governo de Hitler tentaria trazer nosso país para sua ambiciosa aliança militar, decisão que, é claro, não competia a Gellio ou a nenhum outro dos oficiais brasileiros da missão. Mesmo assim, a pressão seria inevitável.

Por essa razão, havia um grupo de militares brasileiros que, quando os acordos com empresas alemãs estavam sendo negociados, ofereceu resistência à sua concretização. Isso pelo fato de que acreditavam ser incerto e inseguro fazer negócios com os alemães naquela época.

Os alemães acreditavam que o Brasil seria um aliado certo e importante. Certo, por se tratar de uma ditadura, de um governo autoritário, como o do próprio Hitler ou o de Mussolini, na Itália, e importante por sua localização estratégica no Atlântico.

O nordeste brasileiro, especialmente, era um ponto vital para quem quisesse dominar ou controlar o Atlântico sul. Hitler e seu alto comando militar também sabiam disso. Porém, nessa mesma época, o Governo Vargas mostrava alguns indícios de aproximação com os Estados Unidos que, certamente, apoiariam a Inglaterra num eventual conflito contra a Alemanha.

Quando o Brasil passou a fazer parte do grupo dos países que combateriam a Alemanha e o nazismo, a vantagem do nosso posicionamento geográfico estratégico passou a ser utilizada pelos Aliados (aliança entre os países que lutavam contra a Alemanha), pois o Presidente Getúlio Vargas autorizou a construção de bases aeronavais dos Estados Unidos na costa brasileira, em especial, no litoral do Rio Grande do Norte.

A partir da aliança militar com os norte-americanos, as Forças Armadas brasileiras passaram por uma profunda mudança e reaparelhamento. Tudo visando a entrada do Brasil na Segunda Guerra Mundial, de maneira que fosse possível para a Força Expedicionária Brasileira entrar em combate, contra as forças do Eixo (aliança militar inicialmente entre Alemanha e Itália e, posteriormente, também integrada pelo Japão) com armamento e treinamento adequado.

Enquanto o major Gellio esteve na Alemanha, ele e sua família puderam experimentar o lado bom de morar em um país com um grau de desenvolvimento infinitamente superior ao nosso, mas, ao mesmo tempo, conheceram os horrores que parte da população seria capaz de fazer e, ainda, o sofrimento dos perseguidos pelos nazistas.

Gellio nunca se enganou a respeito do governo nazista de Hitler. Dizia que era um governo que matava e corrompia homens bons e que seria ingenuidade subestimar sua força. Um governo como o nazista, que subiu ao poder graças a assassinatos, corrupção e deslealdade, não poderia ser confiável, em nenhuma situação.

Estar dentro da máquina de guerra nazista, num período no qual a Alemanha se preparava com todo o empenho para um conflito de grandes proporções com as potências militares da época, foi algo que os aliados, inimigos da Alemanha, teriam achado muito valioso.

Muitas das informações às quais o major Gellio teve acesso, de forma direta ou indireta, principalmente através de colegas oficiais e engenheiros alemães, foram passadas para o comando do Exército brasileiro e, posteriormente, aos aliados durante a Guerra.

Os dados mais importantes, e que mais interessavam aos militares que combateriam a Alemanha na Segunda Guerra Mundial, eram a capacidade de destruição e as características específicas de cada armamento produzido pela Alemanha. Trabalhando diretamente com os engenheiros da Krupp e com os militares alemães, Gellio pôde ter acesso a dados técnicos de centenas de armamentos produzidos na Alemanha.

Além disso, os engenheiros brasileiros da missão militar, por terem acesso ao processo de produção de armas, podiam estimar a capacidade de produção de cada tipo de armamento. Esse tipo de informação foi vital para os aliados, anos depois.

Sabendo o tempo que os alemães levavam para produzir cada tipo de armamento, os aliados podiam saber por quanto tempo os alemães ficariam desfalcados de um determinado canhão, tanque ou outro material bélico qualquer.

Ainda, por terem vivido tantas horas no interior das instalações de produção e dos campos de prova, o major Gellio e outros membros da missão brasileira poderiam indicar alvos mais importantes para os aliados. Saber aonde jogar uma bomba e obter o maior "estrago" possível passou a ser uma grande vantagem durante o longo período que durou a Segunda Guerra Mundial

O tempo que passaram na Europa foi bastante desafiador para Gellio e para todos os militares envolvidos na missão brasileira. Nesse período, tiveram a oportunidade de conhecer de perto o poderio bélico alemão e, também, de acompanhar a transformação na sociedade daquele país, o que possibilitou a Hitler cometer todas as atrocidades que estarreceriam o mundo, poucos anos depois. Quando partiram para a Europa, Gellio, sua família e todas as pessoas ligadas à missão militar brasileira, ninguém sabia que estavam fazendo uma longa viagem para morar, viver e trabalhar no coração do país que se tornaria o grande vilão do mundo pouco tempo depois.

CAPÍTULO II
A VIAGEM PARA A ALEMANHA

O major Gellio de Araújo Lima e sua família já sabiam que iriam mudar para a Alemanha havia alguns meses. Sua esposa, Alba, já havia cuidado de organizar tudo, separando o que deveria doar, deixar guardado ou o que seria levado para Essen.

Com a ajuda de sua irmã, Yolanda, e da empregada Inésia, Alba colocou em malas tudo que seria levado, inclusive as roupas e pertences de Yolanda e Inésia. Era uma verdadeira mudança, além de malas menores, de mão, com as roupas e pertences que usariam durante a viagem havia, também, dezenas de "baús" com todos os pertences da família.

Essa bagagem mais pesada seria colocada no compartimento de carga do navio, e continha, desde roupas até enfeites da casa, brinquedos das filhas etc.; tudo que seria necessário para ajudar a compor a vida na nova casa. Estava tudo pronto. Só faltava "pegar o navio" e ir para a Alemanha.

Início de janeiro de 1938; o major Gellio estava no Rio de Janeiro com sua família e todos prontos para a viagem. Era de manhã, por volta das nove horas, quando o grupo saiu de casa, uma residência oficial para militares, situada em uma vila do Exército, próxima ao centro do Rio de Janeiro. Foram levados, junto com sua bagagem, por dois carros do Exército e uma caminhonete, na qual havia mais espaço para colocar as malas, que eram muitas.

Esse dia estava sendo aguardado com ansiedade por toda a família. Era uma mistura de alegria, curiosidade, ansiedade, mas, ao mesmo tempo, um pouco de tristeza. Eram oito pessoas, indo para longe de casa, por um longo período. É difícil, em situações como essa, não começar a sentir, por antecipação, saudade de rotinas, lugares e pessoas. Ficaria tudo para trás, por muito tempo...

O grupo era grande, formado pelo major Gellio, sua esposa, Alba, suas filhas Lourdes, de onze anos, Mariolizza ("Izza", como era chamada), de dez anos, Alba ("Albinha"), com oito anos, e a pequena Laís, com quase três anos. Além delas, integravam a família sua cunhada Yolanda e a empregada Inésia. Todas estavam muito ansiosas por iniciar sua grande "aventura" com Gellio, rumo à Europa.

Assim que chegaram ao porto do Rio de Janeiro, próximo ao centro da cidade, Gellio, com o auxílio de vários soldados e de um tenente, cuidou de despachar as malas e, depois, foram para a área de embarque, pois já era possível subir a bordo e se instalar nas cabines.

Não havia ninguém mais para acompanhá-los nesse primeiro passo da jornada que estava por começar. Todas as despedidas haviam acontecido nos dias anteriores, especialmente na antevéspera do dia da viagem, quando Alba e Gellio ofereceram um jantar para a família e amigos mais próximos. Foi nesse dia que Alba pôde se despedir de sua mãe e de suas outras irmãs e irmãos.

Depois que tudo estava pronto, as bagagens embarcadas e as passagens conferidas, Alba e Gellio somente se despediram e agradeceram a gentileza do pessoal do Exército que os havia levado até o porto. Então, embarcaram no navio de passageiros "Almirante Alexandrino" para uma viagem de vinte e nove dias até Hamburgo, no extremo norte da Alemanha.

Não era a primeira vez que a família de Gellio entrava em um navio. Poucos anos antes, ele havia sido o comandante de uma base do Exército brasileiro situada na cidade de Margem do Taquary, no Rio Grande do Sul. Quando foi transferido para o Rio de Janeiro, toda a família foi de navio. Já para Yolanda e Inésia, seria a primeira vez.

O "Almirante Alexandrino" era um navio brasileiro que fazia regularmente a rota até a Europa. Fora construído em 1900, na Alemanha, onde navegava sob o nome de "Capitan Roca". Após a derrota germânica na Primeira Guerra Mundial, todos os navios alemães que estavam atracados em portos brasileiros foram confiscados pelo governo do Brasil, sendo leiloados posteriormente.

O navio era um vapor, ou seja, a energia utilizada para a movimentação do motor era térmica, produzida em grandes caldeiras, abastecidas pelo calor proveniente da queima de carvão. Os navios a vapor ainda eram os mais utilizados na década de 30 e, também, tinham certo "charme", pela fumaça negra que saía das enormes chaminés.

O único inconveniente para quem viajava em navios a vapor era exatamente a fuligem emanada das chaminés. Eventualmente, essa fuligem "baixava" e sujava um pouco as roupas dos desavisados. O pior acontecia quando a fuligem caía nos olhos... Era horrível e profundamente dolorido! Além disso, demorava a melhorar. Logo no primeiro dia de viagem, Lourdes teria o desprazer de ganhar um pouco de fuligem em um dos olhos!

Foram cerca de quarenta e cinco embarcações apreendidas e, entre elas estava o "Capitan Roca". Algum tempo depois, o navio foi adquirido pela empresa Lloyd Brasileiro e rebatizado com o nome de "Almirante Alexandrino".

Era um navio de alto luxo, para a época. Diziam, no Brasil, que se tratava de um "mini Titanic", comparando-o ao luxuoso navio inglês, naufragado na segunda década do século XX.

Tinha a capacidade para oitenta passageiros na primeira classe e quinhentos na terceira. A diferença das acomodações era tão grande que não havia uma segunda classe. Os passageiros da primeira classe ficavam em grandes e luxuosas cabines, desfrutavam de boas áreas abertas no convés para caminhar ou tomar sol (para as crianças, era um espaço para brincar!), salão de jogos, restaurante e o salão principal, onde eram realizados bailes e jantares a rigor.

Apesar de todo o conforto, espaço e luxo destinado aos passageiros da primeira classe, os passageiros da terceira classe dividiam alojamentos e dormiam em beliches, visando aumentar a ocupação e o aproveitamento do espaço. A única área livre de que dispunham eram os apertados corredores, na parte inferior do casco do navio.

Esses passageiros mal conseguiam ver o lado de fora, a não ser por pequenas escotilhas em alguns alojamentos e corredores. Além disso, recebiam suas refeições nos próprios alojamentos, pois não existia um restaurante para a terceira classe.

Na terceira classe existiam alguns poucos camarotes, separados do resto da terceira classe. Esse setor do navio era chamado de "terceira classe com camarotes". Mesmo os passageiros dessa, que poderia ser considerada "segunda classe", não tinham acesso às áreas destinadas somente aos da primeira classe.

Existia uma separação total entre os passageiros das duas classes. Não havia nem mesmo mobilidade dentro do navio, pois não era permitido aos passageiros da terceira classe nem ao menos "passear", nas áreas superiores do navio, ou seja, na primeira classe.

O "Almirante Alexandrino" navegou até o início da década de 1960, quando foi definitivamente "aposentado". Isso aconteceu quando a era do transporte marítimo de passageiros acabou cedendo espaço para o crescimento da aviação comercial.

É importante lembrar que, naquela época, os navios eram o único meio de se cruzar o Atlântico, pois a aviação comercial ainda não podia oferecer voos de tão longa distância. A viagem foi tranquila, o navio era grande, para os padrões da época, e dispunha de todo o conforto necessário para uma viagem dessa duração.

Nossos viajantes ocupavam duas cabines (ou camarotes, como eram chamados) e contavam com atendimento especial

Almirante Alexandrino, navio brasileiro que levou Gellio e sua família para a Alemanha. Foto de 1937.

da tripulação, por se tratar de um major do Exército e sua família (lembrem-se de que estávamos em plena ditadura de Getúlio Vargas e que a classe militar era extremamente respeitada!).

As águas do Oceano Atlântico ainda estavam tranquilas, não havia movimentação de navios de guerra na costa europeia, e muito menos em alto mar, situação que iria mudar em pouco mais de um ano.

Para o major e sua família não era apenas mais uma mudança de residência a que um militar se acostuma durante sua carreira. Por ser uma nova vida em um lugar tão distante, e tão diferente, trazia uma sensação de novidade e aventura, diferente de qualquer outra localidade em que houvessem vivido antes.

As distâncias no mundo eram muito maiores naquela época do que nos dias de hoje, não só pela lentidão dos meios de transporte, mas porque não havia meios de comunicação de massa eficientes como o rádio e principalmente a televisão (o rádio já era bastante difundido, mas o alcance das transmissões e recepções era bastante limitado). Além disso, a própria comunicação entre as pessoas que estavam a grande distância era precária.

O telefone ainda era uma "novidade tecnológica" para a maioria da população mundial. As ligações telefônicas internacionais eram caríssimas e só contemplavam algumas localidades. Somente o correio conseguia ser relativamente eficiente, apesar da demora nas entregas. Para termos uma ideia, uma carta da Europa para o Brasil ou vice-versa, poderia levar de quarenta a noventa dias para chegar!

Pouco se conhecia sobre a vida em países distantes. A Europa era acessível somente para uma pequena parte da elite brasileira. A classe média da época não podia nem sequer sonhar com viagens para lugares tão distantes, e só era possível obter informações através dos poucos que viajavam e traziam histórias de outros lugares. Além disso, livros, jornais e revistas eram os únicos meios de se obter algumas informações.

Sobre a Alemanha, em especial, sabia-se, no Brasil, que se tratava de um país que estava experimentando um grande desenvolvimento econômico e social, após uma recuperação extremamente bem sucedida da derrota na Primeira Guerra Mundial. Depois da ascensão do partido nazista na Alemanha, houve um longo período de prosperidade econômica, que perdurava até aqueles dias.

Ouvia-se, também, que se tratava de um povo educado (apesar de um tanto "frio" com turistas e estrangeiros), e que desfrutava de um bom padrão de vida, se considerássemos a classe média da Alemanha em comparação com a brasileira.

Durante a viagem, as meninas tiveram a oportunidade (e bastante tempo...), para se acostumarem com a ideia de morar em outro país. No navio, ouviam aquela língua estranha a qual estariam falando fluentemente pouco tempo depois. Havia um grande número de passageiros alemães retornando ao seu país, muitas vezes conversando em grupos, o que deixava as crianças perplexas com a língua.

Aproveitavam parte do tempo a bordo para estudar, com o auxílio de livros de conversação em alemão e com o professor que tinham à disposição, ou seja, seu pai. Não tentavam, ainda, aprender a escrita alemã, pois os germânicos, naquela época, utilizavam até mesmo um alfabeto diferente.

O alemão é uma língua extremamente diferente do português e, sabendo disso, Gellio tratou de contratar um professor particular para Alba e suas filhas, para aprenderem alguma coisa do novo idioma, antes de embarcarem para a Alemanha. Apesar disso, nenhuma delas aprendeu algo de substancial, pois tiveram apenas poucas aulas, dias antes da partida.

Não só as crianças estavam experimentando o gosto por essa nova língua, a bordo do "Almirante Alexandrino". Alba, a esposa do major, e sua irmã Yolanda também não falavam alemão e estavam preocupadas com as dificuldades que poderiam enfrentar, em Essen, para superar esta barreira. Como as meninas, também utilizaram parte do tempo da viagem para estudar um pouco.

Inésia, a empregada, parecia não se preocupar muito com isso. Sua confiança em seus patrões era grande e o seu desconhecimento do lugar para onde estava indo era ainda maior. Por estes motivos, tudo o que tinha a fazer era aproveitar a viagem e o que ela pudesse oferecer.

Foi uma viagem tranquila com noites claras e dias ensolarados na maior parte do trajeto. Apesar disso, especialmente para as crianças, ficar tanto tempo "confinados" em uma embarcação, gerava uma grande ansiedade.

Faziam de tudo para passar o tempo, desde palavras cruzadas até jogos de tabuleiro. No convés do navio havia um balanço para as crianças brincarem. Albinha, a que mais aproveitava o brinquedo, apesar de gostar, achava estranho um balanço no convés do navio!

Todas as diversões disponíveis a bordo eram completamente diferentes do que qualquer criança dos dias de hoje iria gostar! Não era possível ouvir música (nada de MP3!), os rádios não sintonizavam nada em alto mar, sem TV, DVDs, cinema, videogames ou qualquer outro tipo de diversão mais "tecnológica".

Os grandes eventos a bordo eram alguns jantares especiais, nos quais o capitão e sua tripulação de oficiais trajavam seus uniformes de gala e os convidados da primeira classe se vestiam apropriadamente. Gellio, por ser militar, sempre comparecia vestindo sua farda de gala.

Para as meninas mais velhas (Lourdes e Izza), era a oportunidade de fazer algo diferente. As menores sempre ficavam na cabine, sendo cuidadas por Inésia. Desta forma, além de Gellio, sua esposa, cunhada e filhas mais velhas sempre aproveitavam para participar dessas ocasiões.

Nesses jantares especiais, que aconteciam duas vezes por semana, havia música ao vivo, tocada por um pequeno grupo de instrumentistas no qual a atração principal era um ótimo pianista. A música servia para ambientar o jantar, mas, também, para embalar os casais.

Uma boa pista de dança com boa música, ambiente tranquilo e refinado não fazia parte da rotina da família do major Gellio. Lourdes e Izza, as mais novas na mesa, ficavam encantadas em cada um desses jantares. O pai era sempre "disputado" entre as irmãs, para dançar.

Gellio e Alba também aproveitavam o jantar dançante e a tranquilidade da viagem, sem as preocupações que a chegada à Alemanha, certamente, trariam. Dançavam ao som de músicas conhecidas de Tommy Dorsey, Bing Crosby e Billie Holiday, entre muitas outras.

Conversavam bastante com o capitão do navio, o comandante Tasso Augusto Napoleão, que comandava o "Almirante Alexandrino" desde 1927. O capitão costumava sentar-se à mesa com o major Gellio e sua família, um a cada dois ou três jantares.

O capitão Augusto e o major Gellio costumavam conversar bastante. Sempre que possível, um café na sala do comandante era bastante agradável para Gellio. Falavam das incertezas políticas na Europa e muitos outros assuntos.

Entretanto, o que Gellio mais gostava de ouvir eram as histórias que o capitão contava sobre o navio, problemas pelos quais a tripulação já havia passado e, também, sobre os passageiros ilustres que aquele luxuoso transatlântico já havia transportado.

Gellio e Alba aproveitaram bem a viagem juntos. Conversavam bastante com os outros passageiros e chegaram a fazer algumas amizades, tanto com brasileiros que estavam indo para a Europa, quanto com alemães, voltando para sua terra natal. O major brasileiro aproveitava, sempre que podia, para conversar em alemão. Era uma boa maneira de "afiar" a língua, para quando chegassem à Alemanha.

Havia um oficial do Exército alemão a bordo, o Tenente Johansen, com quem o major Gellio conversou algumas vezes. Era um jovem oficial, que havia ido ao Brasil em função oficial, ligada à Embaixada da Alemanha e estava regressando para casa. O rapaz tinha por volta de vinte e cinco anos, e trabalhava, coincidentemente, na Diretoria de Material Bélico alemã. Entretanto, seu posto era em Berlin, na sede da Diretoria.

Apesar de ter sido bastante educado com Gellio, o tenente alemão parecia sempre na defensiva e, às vezes, Gellio ficava com a impressão de que o jovem "fugia" dele. Mesmo sem ter certeza sobre a sua "impressão", o major Gellio acabou se afastando um pouco do rapaz e não conversaram mais. Quando se "esbarravam" em algum lugar, cumprimentavam-se e nada mais.

Durante a viagem, Inésia, que dividia a cabine com Yolanda e as meninas, começou uma amizade com a irmã de Alba. Inésia era uma moça simples, porém, inteligente e bem articulada para falar.

Por serem mais ou menos da mesma idade, Inésia e Yolanda, durante a viagem de navio, começaram uma amizade que continuaria por toda a estada na Alemanha. No navio, acabaram se conhecendo melhor e, juntas, cuidavam das crianças e se divertiam.

Nos dias de hoje, é difícil imaginar como era uma viagem de navio entre o Brasil e a Europa. É quase inconcebível, para nós, pensarmos em passar um mês em alto mar para realizar um trajeto que, de avião, leva cerca de doze horas!

Entretanto, como era o padrão de duração de uma viagem de longo percurso, não havia termo de comparação e, dessa forma, ficava mais fácil saber aguardar o tempo necessário. Enquanto isso, restava aos passageiros aproveitar os confortos do navio, enquanto estivessem a bordo.

Passar tanto tempo no mar, em uma época em que até a estocagem de mantimentos era mais difícil, faria com que a rotina no navio fosse um tanto "esquisita" para pessoas do século XXI. Por exemplo, como não havia sido inventado o leite longa vida, o leite consumido a bordo era preparado com creme de leite diluído, pois esse produto podia ser levado em latas e sua conservação era simples.

Apesar de ser um navio grande na época, para os padrões atuais de navios de passageiros, o "Almirante Alexandrino" seria considerado pequeno. Mesmo estando a bordo de navios grandes, os passageiros ficam propensos a enjoar, o famoso "enjoo do mar".

Com o balanço do navio (maior ou menor, de acordo com as variações das águas do oceano), para quem não estivesse acostumado, era fácil enjoar várias vezes durante o trajeto. Lourdes e Izza se revezavam, sendo as que mais sentiam e enjoavam com o balanço do navio. Laís nem reclamou, e Albinha só viria a se sentir mal uma ou duas vezes durante o longo período em que ficaram a bordo.

Como não havia remédios eficientes disponíveis na época, utilizava-se chupar ou simplesmente cheirar um limão cortado. O seu cheiro forte é uma poderosa arma natural contra enjoos (podem acreditar, o limão pode ser utilizado, com eficiência, até mesmo para combater enjoos de gravidez!).

Apesar do "truque" do limão ser bem eficiente, não foi muito utilizado pelos membros da família do major Gellio, pois o mar, na maior parte do caminho, esteve realmente tranquilo. Apenas Lourdes e Iza ficavam mais enjoadas e usavam o limão para combater o incômodo; especialmente Lourdes que, no final das contas, foi a que mais sofreu, apesar do pouco balanço do navio.

À medida que o "Almirante Alexandrino" se aproximava da Europa, o tempo começou a mudar. O frio do inverno no hemisfério norte era uma novidade para o major Gellio e para todos do grupo.

Os casacos comprados no Brasil especialmente para essa viagem foram, finalmente, tirados das malas. Mesmo para eles, que já haviam morado no Rio Grande do Sul, em uma região bastante fria, o inverno europeu traria um frio diferente, bem maior do que as baixas temperaturas a que estavam acostumados.

Lourdes não via a hora de "estrear" um lindo casaco de couro, revestido de lã, que Alba havia comprado para a filha, especialmente para ser usado na Alemanha. No Brasil, "só de olhar para aquele casaco, já dava calor", dizia Lourdes.

Para nós, brasileiros, em geral, frio é qualquer temperatura abaixo de quinze graus centígrados. Já começamos a chamar de "muito frio", quando temos temperaturas abaixo de dez graus e, quando o frio se aproxima do zero grau, consideramos temperaturas "insuportáveis"...

Por esse motivo, todos da família se perguntavam: Como seria estar em um lugar no qual as temperaturas chegam abaixo de vinte ou vinte e cinco graus negativos?". As meninas ficariam com essa dúvida e ansiedade, até que chegassem à Europa e descobrissem que, desde que estivessem devidamente agasalhadas, o frio seria perfeitamente suportável.

Tudo seria novo na Alemanha, e a ansiedade para desembarcar naquele país era enorme, principalmente para as crianças. Lourdes e Izza, respectivamente com onze e dez anos. Elas eram as mais velhas e as mais curiosas... Mal podiam esperar pela chegada e para conhecer tudo aquilo de que tinham ouvido falar, como por exemplo, a neve. Era quase como a expectativa para chegar a "outro planeta"!

Poucos dias antes da chegada ao porto de Hamburgo, na Alemanha, o "Almirante Alexandrino" fez algumas escalas, de poucas horas, para o desembarque de passageiros e carga. A primeira foi em Lisboa, seguida por escalas nos portos de Le Havre, na França, Antuérpia, na Bélgica, Roterdã, na Holanda e, finalmente, o porto de Hamburgo, na Alemanha.

Durante o percurso pela costa da Europa, enquanto o navio rumava para o porto de Hamburgo, o major Gellio e sua família puderam avistar, de longe, algumas regiões cobertas de neve, especialmente algumas montanhas mais próximas da área costeira. A visão da neve fez um sorriso se formar no rosto de todos.

Era a primeira vez que aquela família via neve. Uma visão que, especialmente para as crianças, tornou-se uma lembrança bonita, para o resto da vida. Elas ficavam imaginando e esperando, cada vez mais ansiosas, pelo momento em que fossem brincar na neve. Era um sonho! De qualquer forma, não teriam que esperar muito tempo, pois logo estariam na Alemanha e teriam muitas oportunidades de ver e brincar na neve.

O major Gellio disse a todos da família que iriam permanecer a bordo durante as escalas. Seria mais seguro, pois o capitão do navio afirmou que não havia nada de interessante nos portos, e que não haveria tempo para passeios mais distantes.

Mesmo sem desembarcar, todos ficavam admirando, de longe, a beleza das cidades onde o "Almirante Alexandrino" aportava. O que mais chamava a atenção e impressionava, especialmente em Antuérpia, na Bélgica, era o tipo de arquitetura característica dos países europeus

De longe, vista do porto, a cidade belga parecia ter saído das páginas de um conto de fadas. Principalmente as meninas ficaram encantadas com a beleza daquele lugar, mas era impossível, para qualquer um que estivesse vindo do Brasil, não se impressionar. Depois da última escala, o navio partiu a todo vapor (era um navio a vapor mesmo!) para Hamburgo, destino final dos Araújo Lima. Logo estariam desembarcando na Alemanha e começando sua vida nova.

Precavida, Alba começou a guardar nas malas todos os pertences, seus, de Gellio e das meninas. Tudo que estivesse nas cabines. Pediu a ajuda de Yolanda e Inésia para que não tivessem muito trabalho quando chegassem a Hamburgo.

Toda a família mal podia acreditar que, finalmente, estavam quase chegando, depois de tanto tempo no mar. Apesar de longa, foi uma viagem muito agradável para todos, mas, de qualquer maneira, foi como "esperar pela festa". O que os estava aguardando na Alemanha, até então, Gellio e toda sua família só podiam imaginar...

CAPÍTULO III
A CHEGADA NA ALEMANHA

O navio atracou no porto de Hamburgo numa manhã muito fria. Era 10 de fevereiro de 1938; o pior do inverno já havia passado, mas estava muito frio para quem acabara de chegar do Brasil, pois a temperatura devia estar ao redor de seis a oito graus centígrados.

Para essa época, até que não estava muito frio. Não havia neve, para a decepção das meninas. Entretanto, foram consoladas pelos pais que lhes disseram que, certamente, ainda seria possível ver neve naquele final de inverno.

A primeira impressão da Alemanha foi a de que não era um lugar tão diferente assim. Acabavam de chegar a um porto e, afinal, portos são basicamente iguais. Pelo menos, essa era a visão que tinham do porto de Hamburgo, visto do navio.

Era hora de "levantar acampamento": pegar todas as coisas que estavam na cabine, terminar de arrumar e fechar as malas e deixar tudo pronto para o desembarque. Não havia a pressa de desembarcar, como acontece nos dias de hoje, quando um avião aterrissa e todos os passageiros se "acotovelam" para sair na frente (pelo menos, sempre há alguns que fazem isso!).

O processo de desembarque de um navio como o "Almirante Alexandrino" era mais parecido com um *check out* de um hotel. Até as malas que estavam nas cabines foram levadas para fora do navio por tripulantes destacados para essa função (havia muitas outras malas que ficaram na área de carga do navio durante toda a viagem).

Assim que desembarcaram, o que mais chamou a atenção de Gellio e de toda sua família foram as suásticas nazistas espalhadas por todos os lados. Em bandeiras, caixas, postes; elas estavam em toda parte. Definitivamente, Gellio e sua família estavam na Alemanha!

Era um porto muito maior do que o do Rio de Janeiro; possuía um terminal de desembarque de passageiros, mais amplo, bonito e luxuoso. Nada parecido com o do porto do Rio, no qual não havia muita diferença entre o terminal de cargas e o de passageiros...

Depois de alguns minutos que a família havia deixado o navio, ainda no terminal de desembarque, surgiram dois soldados do Exército alemão e um homem de sobretudo cinza e chapéu. Este esperou que o grupo se aproximasse e dirigiu-se ao major Gellio. Em posição de sentido, cumprimentou o major com continência e com a saudação nazista, erguendo o braço direito em homenagem a Hitler.

Era o capitão Müller, designado para acompanhar o major brasileiro e sua família até Essen. Para fazer a viagem, seriam levados até a estação ferroviária de Hamburgo, na qual pegariam um trem para Essen. Tudo estava dentro dos planos dos anfitriões alemães. Era possível perceber claramente a organização do lugar e das pessoas.

As malas foram desembarcadas, após quase uma hora. Outra grande diferença para os dias de hoje eram as malas. Para longas viagens de navio, as malas eram, na verdade, grandes baús de madeira, que pesavam muito!

Podemos dizer que eram pequenos "armários de viagem" (apesar de não serem nada pequenos). Ao invés de etiquetas com o nome dos donos das malas, como nos dias de hoje, havia placas de metal ou de madeira entalhada com os nomes. Todas as malas da família estavam marcadas com placas de metal, trabalhadas, e com a gravação "Major Gellio de Araújo Lima – Rio de Janeiro – Brazil".

Com uma família grande como a de Gellio, foram necessários quase dez baús, que deviam pesar mais de cinquenta quilos cada. Imagine entrar, hoje em dia, em um avião com um desses!... Era uma verdadeira "mudança"; afinal estavam mudando do Brasil para a Alemanha, com a expectativa de ficar cinco anos por lá.

O capitão Müller cuidou da bagagem, que foi colocada em um pequeno caminhão do Exército. Para Gellio e família, dois carros estavam à disposição. Todos entraram nos veículos e foram levados à estação ferroviária de Hamburgo.

Depois de cuidar das bagagens, o Capitão Müller acompanhou os recém-chegados até embarcarem em um luxuoso trem de passageiros com destino a Essen. Tudo parecia ser mais bonito do que no Brasil. Era inacreditável para Gellio e sua família estarem em um lugar como aquele!

Iniciada a viagem para Essen, toda a família começou a conversar sobre as primeiras impressões sobre a Alemanha. "Organização" foi a palavra comum a todos. Para quem havia partido do Brasil, a organização germânica era impressionante.

No trem, as pessoas pareciam mais "carrancudas", do ponto de vista das crianças. Para o major Gellio, sua esposa e cunha-

Restaurante do hotel Essener Hoff. Foto de 1938.

da, o modo com que os outros prestavam atenção nas conversas em português não parecia só curiosidade, mas certa indignação. Talvez fosse apenas impressão deles... O major e Alba já tinham ouvido falar que os alemães, em geral, não gostavam muito de estrangeiros. Exagero?...

A viagem transcorreu tranquilamente, com algumas paradas, mas logo chegaram ao seu destino. O que ficava mais evidente era que os alemães, dentro do trem, falavam baixo, riam pouco e não olhavam para as outras pessoas. Educação e costumes bem diferentes dos brasileiros...

Albinha, muito curiosa, ficava encarando a todos. Alba lhe deu um beliscão e mandou parar, pois era uma falta de educação o que estava fazendo! Era difícil controlar a curiosidade da menina! Ao contrário de Albinha, Lourdes e Izza, por terem mais idade e boas maneiras, até olhavam para os outros com curiosidade, mas, também, com muita discrição.

Em Essen, o grupo já era aguardado por outro oficial alemão, o tenente Kessler, além de dois soldados e carros. Foram levados ao hotel Essener Hof para se hospedarem enquanto Gellio não arrumasse um lugar definitivo para morar com sua família.

O hotel em que ficaram também pertencia ao grupo Krupp, para a surpresa de Gellio, que não sabia de toda a extensão dos negócios da família Krupp, em Essen e no resto da Alemanha. Aos poucos, Gellio foi descobrindo parte dos outros negócios dos Krupp na cidade, como mercados e lojas de roupas, entre outros. Todos comentavam que Alfried Krupp e seu pai Gustav, eram os "donos de Essen"...

O Essener Hof era um hotel de padrão elevado, que existe até os dias de hoje. Não pertence mais à família Krupp, mas conserva todo o charme de um hotel construído no século XIX, que continua muito bem conservado e sendo uma ótima opção para quem viaja para Essen.

No final dos anos 30, na época em que a família do major Gellio se hospedou, o Essener Hof era um dos principais e mais luxuosos hotéis de Essen. Era o local onde se hospedavam, regularmente, os oficiais do Exército alemão, da *Luftwaffe* (a força aérea alemã), da SS (a força militar do partido nazista) e da *Gestapo* (a polícia secreta, subordinada à SS), além de empresários e do pessoal ligado ao governo.

Essen era uma cidade grande, cheia de carros, trânsito intenso e muita gente pelas ruas. Apesar de ser uma cidade agitada, tudo era bastante limpo e organizado. Até hoje, ainda é uma das regiões mais industrializadas de toda a Alemanha. Para os padrões brasileiros da época (e até para os de hoje em dia), Essen era algo "de outro mundo"...

O clima ainda estava frio, mas, com agasalhos, a temperatura era aceitável e todos queriam sair para conhecer a cidade. Alba e Yolanda, depois de arrumarem tudo no hotel, resolveram sair com as meninas e fazer o "reconhecimento" da vizinhança.

Quando voltaram, Alba tratou de escrever sua primeira carta para o Brasil. Escreveu para sua mãe, Judith, contando sobre a viagem e sobre as suas primeiras impressões da Alemanha.

Tinha vontade de escrever sobre tudo: a viagem, a cidade, o hotel etc. Como estava cansada, escreveu uma versão resumida e deixou maiores detalhes para uma segunda carta.

Depois que descansaram um pouco, todos desceram para o salão de jantar do hotel. Era um restaurante bonito, que impressionava pela decoração e pelos grandes lustres de cristal.

À noite, o que mais impressionou a todos foi a iluminação das ruas. Apesar de escuras, para os padrões de hoje, a iluminação pública era bem mais eficiente do que a das cidades brasileiras, em especial, do que a do Rio de Janeiro, de onde a família veio. Além de luzes de iluminação, muitos e reluzentes letreiros de neon e *outdoors* com iluminação própria compunham um cenário de filme!

Os primeiros dias foram uma difícil fase de adaptação. A sensação de ser estrangeiro em um país tão diferente e com pessoas tão "estranhas", não foi muito agradável, mas as descobertas do dia a dia foram se mostrando bastante interessantes. Alba, Yolanda, Inésia e as meninas não conversavam com ninguém, No máximo, utilizavam algumas frases prontas que aprenderam para se comunicar, mas era o mínimo indispensável...

No hotel, eventualmente, Alba conseguia conversar com alguém da recepção em francês, única língua que dominava. Aliás, naquela época, o francês poderia ser comparado ao inglês nos dias de hoje. Era a "língua mundial", a mais falada e estudada em todo o mundo.

No segundo dia em que estavam hospedados no Essener Hof, Lourdes, Izza, Albinha e Laís ganharam um ótimo presente de boas vindas... Neve! Nevou à noite; não foi muito, mas o suficiente para fazer a alegria daquela família de brasileiros. Até Gellio ficou empolgado ao ver a neve caindo do céu.

No dia seguinte, Lourdes, Izza e Albinha foram correndo para o lado de fora do hotel, para andar sobre a neve e pegá-la, pela primeira vez. Laís, por ser muito pequena, não saiu para acompanhar as irmãs. Ficou no quarto com Alba. Yolanda e Inésia, também muito animadas para verem a neve de perto, saíram e acompanharam as meninas à rua.

Todos os dias, nesse início de estada, pareciam como se todos estivessem em férias. Alba saía com toda a família, mesmo sem Gellio, para passear e conhecer a cidade.

Parecia mais com uma excursão, pois eram suas quatro filhas, Yolanda e Inésia, além dela mesma... Muita gente! Ficavam rindo à toa e conversando em português — não muito alto, pois se sentiam como estranhas ou, até mesmo, "intrusas" naquele país. Mesmo assim, o sorriso no rosto e a alegria eram difíceis de esconder!

Depois de passearem a pé pelas redondezas, Alba e o resto da família começaram a se aventurar em passeios de bonde, pois, dessa forma, poderiam conhecer locais mais distantes e se sentir mais "soltas".

Por onde passavam, ficavam maravilhadas; tudo era novidade e nada em Essen parecia ser como no Rio de Janeiro. Não se via carros velhos, ruas esburacadas ou favelas (que já estavam começando a proliferar no Rio de Janeiro dos anos 30).

Os alemães e as alemãs, vestidos com roupas de inverno, pareciam bem mais elegantes do que as pessoas nas ruas do Rio de Janeiro ou de qualquer outra cidade brasileira que conhecessem. No verão, não encontrariam, como no Brasil, pessoas mais humildes, andando pelas ruas de calção, sem camisa e de sandálias! Além disso, não haviam visto nenhum morador de rua, desde que chegaram à Alemanha.

Lourdes perguntou se não havia nenhum mendigo ou morador de rua, porque era muito frio e ninguém aguentaria morar na rua. Alba achou graça, mas disse à filha que essa explicação estava "parcialmente" certa...

Todas elas tinham a nítida sensação de estarem em um país realmente rico e desenvolvido. Tempos depois, estariam se perguntando se um povo, realmente desenvolvido, apoiaria, ou mesmo toleraria, um governo como o de Hitler...

O idioma era a principal barreira. Durante a viagem de navio, como já foi dito, toda a família aproveitou para estudar livros que ensinavam o alemão básico. Ao chegarem, algumas expressões e palavras já estavam prontas para serem usadas em algum contato com os alemães, mas ainda era muito pouco...

Pelo menos, fome eles não iriam passar! Mesmo assim, ainda havia muito que aprender para poderem dizer que sabiam falar alemão! Até mesmo placas de indicação era um grande problema para todos, a não ser, é claro, para Gellio.

Como a única pessoa do grupo que falava alemão fluentemente era Gellio, ele passou a ser o professor do resto do grupo. Sempre que estavam juntos, Gellio tirava dúvidas e ensinava palavras e frases que seriam úteis ao dia a dia da família.

Ficaram naquele hotel por quase três semanas, até quando o major Gellio conseguiu alugar um apartamento. Apesar de es-

Vista do centro da cidade de Essen, em 1938.

tarem gostando muito da "mordomia" de morar em um hotel de luxo, toda a família não via a hora de poder dizer que tinham a sua própria casa em Essen. Só assim iriam, realmente, se sentir morando na Alemanha.

O novo endereço da família Araújo Lima, na Alemanha, seria em *Izabellestrasse*, 35 (Rua Izabelle, 35), em frente a uma linda praça. O apartamento foi escolhido com a ajuda e sugestão de um engenheiro da Krupp, que morava relativamente próximo, e indicou para Gellio aquele imóvel.

Era uma vizinhança tranquila, muitas árvores e vizinhos que se mostraram simpáticos aos novos moradores vindos de longe. Além da tranquilidade do lugar, Alba e Gellio também gostaram muito de saber que havia um grande comércio de rua, bem próximo ao apartamento. Era importante que, pelo menos enquanto não soubessem andar direito pela cidade, houvesse a possibilidade de fazerem compras a pé, em um lugar bem próximo. O lugar onde ficava o apartamento era tão "estratégico" que as meninas poderiam até mesmo ir caminhando para a escola na qual iriam estudar.

O apartamento era muito bom e espaçoso. Cinco quarto, dois banheiros e uma grande varanda, com vista para a praça que ficava em frente. Essa praça seria, daquele dia em diante, local para as brincadeiras das meninas. Andar de bicicleta e de patins eram as brincadeiras mais comuns, nos dias um pouco mais quentes.

Logo que chegaram ao novo endereço, conheceram a zeladora do prédio, *Frau* ("senhora", em alemão) Wesseling, com quem passariam a ter um ótimo relacionamento. Ela morava no primeiro andar do prédio e cuidava de tudo relacionado à manutenção, segurança e, eventualmente, "apartava" brigas entre moradores.

Aquela senhora passou a ser um ponto de referência importante na vida da família de Gellio, pois, estando em um país que desconheciam, estavam sempre precisando de informações básicas.

Assim que mudaram para a *Izabellestrasse*, apareceram os primeiros problemas com o apartamento. Vazamentos, fiação elétrica em curto, aquecimento que não funcionava etc. Nessa hora, a presteza e competência da *Frau* Wesseling foram fundamentais para a primeira organização da casa de Gellio e para tornar o lugar perfeitamente habitável. No dia seguinte, estava quase tudo consertado e funcionando!

O apartamento havia sido alugado mobiliado; entretanto, havia poucos móveis e Alba queria logo cuidar de comprar mais peças de mobiliário e, especialmente, de decoração. Como não sabia aonde procurar móveis ou enfeites para a casa, no mesmo dia, ela perguntou à *Frau* Wesseling onde encontraria o que queria comprar.

No dia seguinte, Alba e Yolanda, sozinhas, seguindo a orientação da zeladora, foram a algumas lojas de móveis e de decoração. A esposa de Gellio não via a hora de ter sua nova casa toda arrumada.

Nesse dia, parecia que a vida nova em Essen estava, realmente, se iniciando. Aquela sensação de estar de férias, que todos tiveram enquanto estavam hospedados no Essener Hof, para Alba e Yolanda, acabara naquele dia!

Hotel Essener Hoff, no qual a família brasileira se hospedou assim que chegou em Essen. Foto de cartão postal do hotel, em 1938.

CAPÍTULO IV
O TRABALHO NA MISSÃO MILITAR

Logo que se registrou com sua família no hotel Essener Hof, mesmo antes de se estabelecer em uma residência fixa, o major Gellio assumiu imediatamente o seu cargo. No dia 14 de fevereiro de 1938, apenas quatro dias após sua chegada à Alemanha, Gellio já era aguardado no escritório do coronel Weiss, chefe regional da Diretoria de Material Bélico do Exército alemão.

O gabinete funcionava em um grande edifício no centro de Essen, onde também estavam sediados outros departamentos militares do Exército alemão. Essa seria a primeira de muitas visitas a esse prédio. Todos os contatos e reuniões com os militares alemães, em Essen, seriam realizados nesse prédio.

Esse encontro foi marcado para oficializar a presença do major Gellio na Alemanha, colocando-se à disposição do Departamento de Material Bélico alemão para iniciar seus trabalhos naquele país.

Houve uma reunião entre o coronel Weiss, o major Gellio, o tenente-coronel Francisco Agra Lacerda, amigo de Gellio e chefe da missão militar brasileira. O coronel Lacerda (um tenente-coronel é chamado apenas de "coronel") estava sediado, naquela época, na então Tchecoslováquia, também tratando de assuntos referentes à compra de armamentos para o Brasil. Havia ido a Essen especialmente para esse encontro.

Nessa reunião, o major Gellio foi informado de como seria a sua rotina de trabalho, a quem deveria se reportar nas indústrias Krupp e no comando militar alemão. Soube, também, quais seriam seus limites de poder em relação a outros oficiais alemães.

Pelo código de etiqueta e respeito às patentes, não importa a qual força armada um militar pertença, mesmo sendo de outro país, as patentes devem ser respeitadas. Isso quer dizer que, teoricamente, o major Gellio teria o poder da hierarquia militar sobre militares alemães de patente inferior, a não ser que os mesmos fossem expressamente instruídos por oficiais de patente igual ou superior à de Gellio, para não obedecê-lo.

Gellio (à direita) e um dos canhões 75mm fabricados em 1938 pela Krupp. Ao lado de Gellio estão um oficial técnico da missão brasileira e um engenheiro da fábrica Krupp.

Nesse caso específico, o coronel Weiss informou a Gellio que ele receberia tratamento adequado quanto à saudação e cordialidade de oficiais alemães e nada mais. Desta forma, não poderia e não deveria se considerar, na prática, hierarquicamente superior a nenhum militar alemão.

Essa reunião com o coronel Weiss e com o coronel Lacerda foi muito importante, pois norteou os rumos de conduta e de trabalho que Gellio adotaria durante toda a sua estada na Alemanha. Nesse dia, também, o coronel Lacerda reforçou a Gellio a importância do seu trabalho e de que ficaria encarregado, como diretor técnico da comissão militar brasileira, de tratar de todos os assuntos referentes ao maior fornecedor de armamentos do contrato firmado com a Alemanha, as indústrias Krupp.

Até aquela data, ainda não havia sido assinado o contrato de compra de material bélico com as indústrias Krupp; entretanto, o que faltava para a conclusão do negócio eram apenas detalhes burocráticos. Esperava-se a concretização do contrato para poucos dias depois, mas, como tudo que depende de política e burocracia, isso só ocorreu no dia 23 de março, pouco mais de um mês depois.

Após a reunião com a Diretoria de Material Bélico do Exército alemão, o major Gellio e o coronel Lacerda foram encontrar-se com outros membros da missão brasileira, que também já estavam em Essen. Eram mais de dez engenheiros militares e técnicos em artilharia que iriam compor a equipe técnica, sob o comando do major Gellio.

Foi a primeira de muitas reuniões de trabalho que aconteceriam daquela data em diante. Alguns membros acompanhariam Gellio regularmente aos testes e às linhas de produção de armamentos, e outros, por sua vez, iriam realizar esse trabalho em outras fábricas e se reportar, regularmente, ao major Gellio.

No dia 30 de março de 1938, saindo para o trabalho às 7h30min, diretamente para a sede das indústrias Krupp, Gellio iniciava seu primeiro dia de trabalho na Alemanha. Era o começo de uma rotina totalmente nova e empolgante. Para um militar brasileiro, engenheiro experiente, estar na Alemanha naquela época, indo para a maior fábrica de armamentos do mundo e passar os dias acompanhando a fabricação e os testes de canhões era algo incrível!

A partir desse dia, Gellio contaria com um carro e motorista, um soldado do Exército alemão, para pegá-lo em casa, levá-lo para onde fosse necessário e levá-lo de volta para casa no final do dia. Gellio sabia, também, que a "gentileza" dos militares alemães era, principalmente, uma forma de vigiar todos os seus passos.

Gellio passou a adotar a rotina de enviar, via correio, para o coronel Lacerda, ainda sediado na Tchecoslováquia, seus relatórios com os progressos na fabricação e nos testes dos canhões Krupp. Essas informações eram analisadas e encaminhadas, também via correio, para o Ministério da Guerra, no Brasil.

Com um correio que dependia exclusivamente de navios para o transporte das correspondências, esses relatórios chegavam ao gabinete do então Ministro da Guerra, General Eurico Gaspar Dutra, que se tornaria o próximo presidente do Brasil, um mês depois de postados na Europa. Tudo era muito demorado!

Era um trabalho bastante técnico e detalhista, mas começou bem, com equipe coesa e com total apoio do pessoal das indústrias de armamento e do Exército alemão.

Gellio havia sido escolhido para a missão na Alemanha por ser engenheiro militar altamente gabaritado para exercer as funções de acompanhar a fabricação e os testes dos armamentos que seriam vendidos ao Exército Brasileiro. O principal contrato de fornecimento de armas havia sido confirmado no final de

Teste de tiro de um canhão antiaéreo, fabricado pela Krupp. Foto tirada por Gellio, durante uma série de disparos, em 1938.

1937 e assinado em março de 1938, entre o Exército Brasileiro e as Indústrias Krupp, de Essen.

A importância de Gellio no processo de compra dos armamentos era vital porque, de certa forma, podemos dizer que canhões e alguns outros armamentos nunca são comprados "novos". Para que seja atestada a qualidade do produto, o mesmo precisa ser colocado exaustivamente à prova. Para termos uma ideia, um canhão antiaéreo precisava dar 1.000 tiros, sem que houvesse nenhum dano estrutural, para ser considerado apto para a venda. Por esse motivo, o major Gellio precisava acompanhar, um a um, todos os tiros disparados e, após cada disparo, verificar a integridade de cada um dos canhões testados.

Era um trabalho demorado e que exigia bastante precisão nas avaliações. Para auxiliá-lo, contava com sua equipe de engenheiros e técnicos que, sob seu comando, passavam "pente fino" em todos os testes.

Pelo acordo comercial firmado, as Indústrias Krupp iriam fornecer ao Brasil mais de 1.080 canhões, de diversos calibres e funções, como canhões antiaéreos e outros para ataque terra a terra. Além dos canhões, seriam produzidos veículos, metralhadoras de vários calibres, incluindo metralhadoras antiaéreas, munições de vários calibres e diversos acessórios de combate, como lança-chamas.

O conglomerado de indústrias Krupp pertencia a uma tradicional família de Essen e havia sido fundado havia mais de 300 anos, nessa mesma cidade, por Friedrich Krupp, em 1768. No início dos anos 30, o empresário Alfried Krupp von Bohlen und Halbach, filho de Gustav Krupp von Bohlen und Halbach, assumiu o lugar do pai como presidente das empresas do grupo.

Promoveu uma revolução de qualidade e produtividade nas empresas do grupo, fazendo com que a Krupp crescesse no maior ritmo em toda sua longa história. Como consequência, Alfried Krupp passou a ser, pouco tempo depois, o homem mais rico da Europa.

A Krupp era uma das líderes mundiais na produção de aço, armamentos, munições e equipamentos. O aço da Krupp era considerado, na época, o de mais alta qualidade do mundo.

No período pré-guerra, seu melhor e mais avançado produto na área bélica era o poderoso canhão Schwerer Gustav. Esse canhão, o mais poderoso já fabricado no mundo, até aquela época, precisava ser transportado por via ferroviária. Pesava mais de mil e trezentas toneladas, disparava projéteis de até sete toneladas a uma distância de quase quarenta quilômetros, e foi concebido para atacar e destruir alvos fortificados.

O projeto desse canhão foi especialmente encomendado por Hitler, no final dos anos 30, para que fosse utilizado contra a França, na eventual necessidade de atacar a linha *Maginot*, que era uma estrutura fortificada, construída ao longo de toda a fronteira da França com a Alemanha. Era um grande "elefante branco", mas serviu bem como propaganda para a Krupp e para o regime nazista de Hitler.

Já para o Brasil, os canhões fabricados pela Krupp que mais interessavam ao Exército eram os antiaéreos e os para combate em terra, chamados de "canhões sem recuo".

De 14 de fevereiro de 1938 — data na qual Gellio se apresentou à Diretoria de Fabricação de Material Bélico, do governo alemão — até 25 de março, quando o contrato de compra dos canhões Krupp foi assinado, o major Gellio começou a conhecer de perto a estrutura das indústrias Krupp. Foi convidado para visitar todas as linhas de fabricação de armamentos e, eventualmente, participar ou presenciar algum teste de armamento.

O que mais impressionou o major brasileiro, nesse período, antes de começar o seu trabalho oficial na Alemanha, foi presenciar um teste de tiro do mais famoso produto da Krupp: o já mencionado poderoso canhão *Schwerer Gustav*, o maior canhão até então construído no mundo. Seu tamanho já impressionava, pois ele parecia ser maior que um prédio!

Assistir aos tiros disparados pelo gigantesco canhão foi uma experiência indescritível, pois, ao disparar um projétil, o estrondo e o tremor que aquele "monstro" produzia era assustador.

Além do "supercanhão" alemão, Gellio teve a oportunidade de conhecer as linhas de produção de veículos, tanques e armas mais leves. Estabeleceu o primeiro contato com as linhas de produção de alguns dos canhões que haviam sido encomendados pelo Ministério da Guerra do Brasil.

A indústria Krupp havia, por conta própria, decidido começar a fabricação dos canhões brasileiros, adiantando, assim, o cronograma de produção. Já era certo que a indústria e o Governo do Brasil assinariam o contrato de fornecimento dos canhões em poucos dias, e o próprio dono e presidente do grupo Krupp havia autorizado o início da produção.

Por essa razão, alguns poucos canhões já haviam sido construídos, e a Krupp estava apenas aguardando a assinatura do contrato com o Ministério da Guerra do Brasil. Assim que isso acontecesse, começariam os testes realizados por Gellio e sua equipe.

O coronel Lacerda que, meses antes de Gellio, foi para a Europa com sua esposa, Tomiris, e sua filha Mirinha, serviu na então Tchecoslováquia, de onde comandava a missão militar brasileira, até ser transferido para Essen, poucos meses após a chegada de Gellio e sua família à cidade.

Assim que se mudou para Essen, Lacerda e sua família se mudaram para o apartamento de Gellio. Como o lugar era espaçoso, Gellio ofereceu sua casa ao amigo, enquanto procurasse um local definitivo para morar.

Poucas semanas depois, tiveram a sorte de conseguir um apartamento no mesmo prédio, em um bloco diferente. Ainda assim, os dois amigos e colegas puderam morar bem próximos, o que facilitava bastante o contato de trabalho e pessoal entre eles.

O coronel, que já era amigo de Gellio havia muitos anos, acabou se tornando um companheiro para toda a vida. Anos depois, ambos foram, juntos, promovidos ao posto máximo do Exército, fazendo parte da última turma de marechais.

Além do contrato firmado com a Krupp, o Exército Brasileiro também havia encomendado armamento e acessórios de outras fábricas alemãs e, como parte do "pacote" de modernização militar, o Brasil estava comprando equipamentos de fábricas situadas em outros países europeus, especialmente na França.

Gellio, o principal encarregado das atividades técnicas na Alemanha, muitas vezes se deslocava para outras cidades, como Berlin, onde se encontrava a maior parte das matrizes de empresas bélicas. Em Neuruppin, cidade ao norte de Berlin, Gellio foi várias vezes acompanhar testes de lança-chamas militares, empregados como armas de combate.

No início de 1939, a maratona de testes se intensificou. O major brasileiro acompanhava testes de artilharia antiaérea na cidade de Jena e provas de tiro com material de cavalaria, em Meppen, ao norte de Essen e próxima à fronteira com a Holanda.

Controlava, também, a fabricação de artilharia antiaérea em uma fábrica em Magdeburgo, a 150 km de distância de Berlin e conduzia testes de metralhadoras antiaéreas em Eisenach e Hannover. Eventualmente, o chefe da missão militar solicitava a Gellio que fosse a Paris receber munição e cuidar do seu envio para o Brasil.

Quando, por exemplo, Gellio terminava a maratona de testes de tiro de um canhão, emitia um relatório, recomendando que o armamento fosse enviado ao Brasil. Depois disso, ele e outros membros da comissão militar tinham de cuidar da remessa do canhão para o Brasil.

Em janeiro de 1939, o major Gellio deixou Essen e viajou para Berlin. Foram cinco dias acompanhando demonstrações de lança-chamas nas usinas Minimax, em Neuruppin, cidade próxima a Berlin. Ele e mais dois outros membros técnicos da comissão brasileira iam todos os dias a Neuruppin e, após as demonstrações, regressavam a Berlin.

Sempre que ia a Berlin, o major Gellio ficava hospedado no hotel Adlon, situado próximo ao principal cartão de visitas da cidade, o Portal de Brandenburgo. Era um hotel antigo, mas muito bem conservado. Apesar da idade (foi fundado em 1907), ainda era um dos melhores de Berlin naquela época.

Em um desses dias nos quais esteve em Berlin, durante o período das demonstrações de lança-chamas, Gellio estava no seu quarto do hotel, quando foi surpreendido por batidas na porta. Ao abri-la, havia um senhor de terno, aparentando uns trinta e cinco anos e que disse querer conversar rapidamente com o major brasileiro. Gellio, apesar de desconfiado, deixou que o alemão entrasse no quarto, pois o mesmo havia dito que tinha um recado importante do comando militar alemão.

O misterioso homem, que preferiu não revelar sua identidade, disse que vinha com uma proposta do comando militar alemão, para que Gellio, ao voltar para o Brasil, começasse a enviar para a Alemanha informações sobre as diretrizes e ações que o Ministério da Guerra e o governo brasileiro iriam tomar. Isso significava que estavam oferecendo a Gellio a possibilidade de se tornar um espião para o governo alemão.

O major, é claro, se recusou a exercer esse papel, mas, antes, tentou descobrir mais sobre quem, especificamente, estaria oferecendo essa função a ele. Quando percebeu que não obteria nenhuma resposta positiva, agradeceu, mas descartou o convite.

Foi uma das situações mais embaraçosas pelas quais passou na Alemanha. Depois disso, ficou pensativo e imaginava que outros colegas, militares brasileiros, deveriam estar sendo sondados pelos alemães, pelo mesmo motivo...

Ficou com a dúvida sobre se ou quantos militares brasileiros teriam aceitado esse tipo proposta. De qualquer maneira, coube apenas a Gellio, no seu próximo encontro com o coronel Lacerda, chefe da missão militar na Alemanha, relatar o acontecido.

Não havia nenhum tipo de prova de que Gellio teria recebido tal proposta e, muito menos, de quem a teria realizado. Por essa razão, o coronel Lacerda disse que não colocaria em nenhum relatório o ocorrido, e que apenas relataria a alguns oficiais superiores, no Brasil, sobre a tentativa dos nazistas em arregimentar militares brasileiros como espiões.

Passado o incidente em Berlin, e terminadas as demonstrações dos lança-chamas, o major Gellio regressou a Essen. Essa situação, na qual foi sondado pelos alemães para atuar como espião, deixou Gellio ainda mais desconfiado em relação aos militares alemães.

Cada vez mais, o major brasileiro via que era impossível saber em quem confiar. Para Gellio, ficava ainda mais claro que a política dos nazistas e dos militares alemães era baseada na deslealdade e na traição.

Durante o primeiro semestre de 1939 foi possível enviar uma pequena parte dos canhões encomendados. Até a rescisão do contrato, que ocorreu devido ao início da Guerra, menos de trinta canhões (de um número total de pouco mais de mil) foram enviados para o Brasil.

Houve alguns incidentes embaraçosos para o governo e para o Exército brasileiro quando alguns navios que levavam armamento da Alemanha para o Brasil, já estando em alto mar, foram impedidos de seguir viagem, por navios da marinha britânica.

O navio "Almirante Alexandrino", o mesmo que levou a família de Gellio para a Alemanha, acabou sendo invadido por militares britânicos, em meados de 1939, quando trazia para o Brasil alguns canhões produzidos pela Krupp. O navio foi apreendido e, apenas após muita discussão diplomática, foi liberado para seguir viagem (depois de mais de dois meses!).

Com o passar dos meses, o relacionamento de Gellio com os oficiais alemães e funcionários da Krupp e de outras fábricas alemãs, acabou ficando mais estreito. Uma relação de coleguismo profissional agradável se estabelecia.

A rotina do trabalho de Gellio se intensificava constantemente, pois novos canhões começavam a ser fabricados a cada semana, exigindo sua presença na linha de produção. Enquanto novos canhões eram produzidos, outros se encontravam em fase de teste de tiro. Era um trabalho cansativo e bastante minucioso, mas era exatamente o que Gellio gostava de fazer, o que lhe fazia se sentir útil e produtivo para o nosso Exército.

No início de agosto de 1939, o major começou a notar algumas mudanças no comportamento dos militares alemães, ligados à produção bélica. Era algo meio sutil, mas ele começou a ter a impressão de que, quando se referiam aos prazos de entrega dos canhões, não mencionavam mais nada sobre o término da produção e das entregas, o que estava previsto para acontecer no primeiro semestre de 1943.

Mesmo com "a pulga atrás da orelha", Gellio não fez nenhuma menção de suas suspeitas a nenhum outro membro da missão militar. Achou que seria leviano levantar qualquer tipo de suspeita, com tão poucas evidências...

Entretanto, era inegável que a tensão diplomática entre a Alemanha, de um lado, e o Reino Unido e a França, de outro, estivesse aumentando a níveis somente vistos pouco antes do início da Primeira Guerra Mundial, em 1914.

Canhão Krupp de 80mm, em um dos campos de testes do exército alemão.
Foto tirada em 1939 pelo então major Gellio.

CAPÍTULO V
ALFRIED KRUPP

Após algum tempo, viajando entre um e outro campo de provas de armamentos, o major Gellio acabou conhecendo o empresário e dono das indústrias Krupp, o Sr. Alfried Krupp.

Desde o primeiro contato, houve um clima bastante cordial. Krupp era um cavalheiro elegante, culto e acabou por desenvolver um laço de amizade com o major brasileiro. Nessa época, Gellio estava com 42 anos e Krupp, mais novo, com 31.

A curiosidade sobre o Brasil e a ligação de sua família com o nosso país foi o primeiro passo para um relacionamento cordial entre o industrial alemão e o major do Exército brasileiro.

O avô de Alfried, falecido em 1887 havia sido amigo do nosso Imperador, D. Pedro II, com quem manteve contato por várias décadas. No século XIX, a Krupp forneceu ao Governo Imperial do Brasil, canhões, trilhos e equipamentos necessários à construção de ferrovias.

No século XX, já no Brasil Republicano, a Krupp continuou a fornecer canhões ao Exército brasileiro. No famoso Forte de Copacabana, no Rio de Janeiro, há seis canhões Krupp, que eram utilizados na defesa da costa da cidade.

Alfried Krupp, o empresário mais rico e poderoso da Alemanha nazista. Último de sua família a comandar suas empresas, depois de 399 anos de existência do grupo alemão.

Os enormes canhões foram trazidos para o Brasil em 1908, projetados especialmente para o Forte de Copacabana, que estava sendo construído, e foi inaugurado em 1914. Esses canhões foram disparados poucas vezes e alguns de seus poucos disparos tiveram um papel primordial no episódio da Revolta dos 18 do Forte, em 1922.

O Exército brasileiro ainda possui, até os dias de hoje, algumas dezenas de canhões Krupp, comprados pelo Brasil em diversas ocasiões. Até mesmo no famoso monumento em homenagem ao soldado desconhecido da Segunda Guerra Mundial, que fica no Aterro do Flamengo, no Rio de Janeiro, há dois canhões Krupp compondo a arquitetura do Memorial à Força Expedicionária Brasileira.

Com o estreitamento do contato entre o major brasileiro e o industrial alemão, Gellio e Alba foram convidados por Alfried para um jantar em sua mansão, em Essen, conhecida como *Vila Hügel*, local onde o próprio D. Pedro II havia sido recebido, como hóspede, em várias ocasiões.

Para Gellio e Alba, foi um convite mais do que bem-vindo. Estar em um país distante, tão diferente do Brasil, já estava sendo uma aventura e tanto; agora, frequentar a casa do empresário mais rico e poderoso da Alemanha, era inimaginável!

Além do convite do empresário, o que mais deixou o casal brasileiro feliz foi o fato de ser um jantar íntimo, no qual apenas Gellio e Alba seriam convidados. Era uma forma de o Sr. Krupp demonstrar que gostaria de estreitar o relacionamento com Gellio e sua esposa.

Gellio e Alfried já haviam conversado bastante, em situações de trabalho, enquanto Alba e Anneliese, a esposa de Alfried, ainda não se conheciam. Para as mulheres, também foi um primeiro encontro bastante agradável, no qual puderam conversar bastante (a essa altura, Alba já falava relativamente bem o alemão).

Alba e Anneliese também acabaram desenvolvendo uma boa amizade. A esposa de Alfried Krupp, que, como Alba, era uma jovem senhora, passou a convidá-la, regularmente, para reuniões com outras esposas de empresários e militares.

Normalmente, esses encontros ocorriam na própria mansão dos Krupp ou na casa de alguma das outras participantes do grupo. Algumas vezes, entretanto, almoçavam ou tomavam um chá em algum restaurante da cidade.

Nesse primeiro jantar, uma ocasião informal e pessoal, Krupp e Gellio estreitaram seu relacionamento e se conheceram melhor. Gellio comentava que, na época, gostava muito de conversar com Alfried, pois era uma troca de conhecimentos que, certamente, era culturalmente enriquecedor.

Alfried Krupp, obviamente, não era uma pessoa comum. Apesar da pouca idade, trazia uma bagagem cultural e de negócios invejável.

Desde que assumiu o controle das indústrias da família Krupp, Alfried havia conseguido resultados impressionantes. Grandes contratos de fornecimento de armas (como o realizado com o governo brasileiro), diversificação da produção de armas e outros produtos, além de um salto de qualidade na produção de aço, foram algumas das principais conquistas desse jovem empresário.

Durante suas conversas nessa noite, Gellio, que estava curioso sobre a posição do Sr. Krupp, em relação à política do partido nazista, teve a oportunidade de fazer algumas perguntas bastante diretas ao empresário.

Naquela época, antes do início da Guerra, Hitler ainda não era considerado pelo mundo como o grande vilão e genocida, mas, para muitos, suas ambições políticas pareciam um tanto duvidosas. Como conversas sobre política e religião podem acabar em discussão, Gellio achou melhor ser bastante cauteloso e apenas deixar que Alfried falasse o que quisesse, sem entrar em nenhuma polêmica.

Perguntou o que o empresário pensava sobre Hitler e sua política econômica. Para responder a isso, Alfried Krupp levou um bom tempo, durante o qual explicou por que ele e o pai, alguns anos antes, se opunham veementemente ao futuro ditador. Entretanto, acabaram por ser convencidos de que Hitler favoreceria o empresariado, em especial os industriais, ao reduzir a força dos sindicatos de trabalhadores, que haviam ganhado um grande poder nos anos anteriores.

Com as respostas e as explicações que ouviu, Gellio concluiu que Alfried Krupp, como a grande maioria dos empre-

Fábrica de canhões Krupp, em Essen.

sários alemães da época, não estava realmente interessado na política externa e social ou, ainda, nas possíveis ambições expansionistas do *Führer* (era assim que os alemães se dirigiam ou se referiam a Hitler; palavra que significa "líder", "chefe"...).

O que mais interessava aos empresários eram as possibilidades de ganhos que poderiam obter estando ao lado de Hitler. Talvez essa tenha sido a política adotada pela família Krupp, nos mais de trezentos anos de suas empresas.

A Alfried e seu pai Gustav não interessava julgar a validade moral do governo de Hitler. Fechar os olhos aos erros e tentar lucrar da melhor maneira, desde que não prejudicasse ninguém, era o que achavam que devia ser feito. Pelo menos, foi essa a impressão que o major Gellio teve do empresário...

O Sr. Krupp se impressionou muito com a história que o major Gellio contou, sobre ser sobrinho-neto de Pedro de Araújo Lima, o Marquês de Olinda, que foi regente e ministro do Império do Brasil. O marquês ocupou a cadeira de Regente do Império, de 1837 a 1840, quando foi concedida a maioridade a D. Pedro II, possibilitando sua coroação como Imperador do Brasil. Depois disso, foi nove vezes Ministro de Estado e um dos mais prestigiados representantes do Segundo Império. Gellio sabia, também, que o seu ancestral havia mantido contato com a Krupp e com o avô de Alfried, durante o período de regência.

Esse tipo de histórico familiar e as ligações que a família Krupp tivera com o Império Brasileiro, acreditava Gellio, teria sido um dos motivos que vieram a reforçar a admiração e a amizade entre os dois.

Depois desse estreitamento no relacionamento com o empresário alemão, Gellio continuou na sua rotina de trabalho, na qual, diariamente, ou estava acompanhando testes de armamentos, ou estava vistoriando a fabricação.

Eventualmente, quando estavam na mesma fábrica ou quando o major Gellio visitava o prédio da matriz da Krupp, o Sr. Krupp o chamava à sua sala para conversarem e, eventualmente, almoçarem juntos.

Alfried Krupp costumava almoçar na própria sala de trabalho, sendo o almoço preparado por um cozinheiro de confiança. Dessa forma, ele podia continuar trabalhando, até mesmo durante o horário do almoço. Gellio era uma das poucas pessoas que almoçavam com o Sr. Krupp, na sua sala, pois era uma situação bem informal.

O chefe da missão militar, coronel Lacerda, gostou de saber da aproximação de Gellio e o Sr. Krupp, e incentivou esse contato, pois, eventualmente, isso poderia ser útil aos propósitos da missão.

Com a amizade entre o major brasileiro e o Sr. Krupp, a família de Gellio teve algumas surpresas e descobriu que passaram a ter algumas regalias na cidade. Era comum irem a vários estabelecimentos comerciais e, depois de escolherem o que queriam, eram informados de que não precisariam pagar, pois seria uma cortesia do estabelecimento e das empresas do grupo Krupp.

Foi então que Gellio descobriu que Alfried Krupp havia entrado em contato com todas as suas empresas em Essen e dado a ordem de que nada deveria ser cobrado de Gellio ou de qualquer pessoa de sua família. Gellio não gostou muito, pois achava a situação embaraçosa.

Depois de alguns episódios semelhantes, decidiu que ninguém da família, incluindo ele mesmo, deveria comprar nada em lojas da Krupp. Somente comprariam alguma coisa nas lojas da Krupp, se fosse possível não informar o próprio nome. Muitas vezes, chegavam a mentir e dizer nomes falsos, só para não ficar "abusando" da boa vontade do Sr. Krupp...

Em alguns dos jantares ou almoços, nos quais participavam na *Vila Hügel*, apenas Gellio e Alba eram convidados. Outras vezes, o casal Krupp convidava mais algumas pessoas e, eventualmente, havia algum evento mais importante, uma festa, que poderia contar com a presença de mais de cem pessoas.

Muitas vezes, havia jantares ou almoços oferecidos a personalidades do *Reich* e Alfried não deixava de convidar seus amigos brasileiros, Gellio e Alba (alguns dos eventos para um número maior de convidados eram verdadeiras festas a rigor!).

Em várias dessas ocasiões, Gellio foi apresentado e teve a oportunidade de conversar, mesmo que brevemente, com algumas figuras importantes na hierarquia nazista. Gebbels e Himler, ministros de Hitler, compareceram em uma ou duas festas na casa dos Krupp, durante o período que Gellio esteve por lá.

Entretanto, sem dúvida, a maior personalidade da hierarquia militar e nazista que Gellio teve a oportunidade de conversar foi com o marechal Goering, ministro e chefe da *Luftwaffe*, a Força aérea alemã. Goering era o braço direito de Hitler, que o considerava seu mais provável sucessor.

Gellio conheceu Goering pessoalmente em meados do segundo semestre de 1938. Era uma reunião para cerca de cem pessoas, cuidadosamente convidadas pelo industrial Krupp para um almoço na *Vila Hügel*. Gellio e Alba compareceram, como sempre, ansiosos pelo evento.

Após serem recebidos pelo anfitrião e sua esposa, Alfried levou Gellio e Alba, para apresentá-los ao marechal Goering, o mais ilustre dos convidados do dia, e sua esposa, Emmy, com quem era casado havia pouco mais de dois anos.

Goering, com apenas quarenta e cinco anos de idade, havia tido uma carreira militar impressionante. Desde a Primeira

Guerra Mundial, quando se destacou brilhantemente nas batalhas aéreas, até alcançar o posto de marechal, com apenas quarenta e dois anos de idade, suas carreiras militar e política tiveram uma ascensão meteórica.

O que Gellio e Alba não sabiam, assim como o resto do mundo, era que Goering também havia cometido, em nome do nazismo e de Hitler, diversas atrocidades, e ainda viria a fazer muito mais, até o final da Segunda Guerra Mundial, quando seria condenado por seus crimes.

Foi uma conversa de pouco mais de cinco minutos, mas que, para Gellio, significou muito. Depois das apresentações, Anneliese chamou Alba e Emmy para conversarem, enquanto deixavam os três à vontade. Krupp contou a Goering sobre a missão militar brasileira e falou sobre Gellio. O marechal alemão ficou curioso e quis saber mais sobre o Brasil e seu governo. Parecia que ele não tinha nenhum tipo de conhecimento sobre nada ligado ao nosso país ou, politicamente, preferiu fingir que não sabia.

De qualquer forma, os poucos minutos nos quais conversaram foram um marco importante para Gellio que, a cada convite do amigo industrial, acabava tendo oportunidades enriquecedoras.

Gellio e Alba se perguntavam se, em algumas das vezes que Hitler fosse a Essen e visitasse Alfried Krupp e seu pai Gustav, eles não teriam a oportunidade de conhecê-lo. Isso nunca aconteceu...

O Sr. Krupp, certa vez, disse a Gellio que quando Hitler ia à sua casa, ele tinha que "pisar em ovos" com o *Führer*, pois ele podia se tornar, inesperadamente, temperamental. Krupp acreditava que a presença de um militar estrangeiro em um encontro com Hitler poderia ser mal vista e, talvez, criar um clima desagradável.

CAPÍTULO VI
A ESCOLA DAS MENINAS

Depois de devidamente instalados em sua nova casa, começava todo um trabalho de ambientação. As crianças já haviam aprendido alguma coisa da língua nessas primeiras semanas; mais do que sua mãe e a sua tia. Inésia ainda não havia passado de poucas palavras.

O major já havia começado a sua rotina de trabalho e Alba tratou de procurar um bom colégio para suas filhas. A preferência seria por uma escola católica, perto de casa, para que as meninas pudessem ir a pé.

A indicação da escola também veio dos engenheiros da Krupp, que disseram que a melhor e mais tradicional escola para meninas de Essen era um colégio de freiras que, coincidentemente, ficava bem próximo da casa da família brasileira. Essa escola havia sido a escolhida por boa parte das famílias dos oficiais brasileiros, ligados à missão militar.

Alba e Gellio ficaram felizes, pois o colégio indicado pelos amigos alemães realmente preenchiam as expectativas. Somente Laís, a mais nova, ainda não estava em idade escolar e não pôde frequentar a escola.

O colégio escolhido se chamava "Beata Maria Virgines" (B.M.V.) e ficava a pouco mais de um quilômetro de casa. O calendário escolar alemão era diferente do nosso, começando em setembro e terminando no final de maio.

Devido a essa diferença no calendário escolar, as meninas já haviam perdido mais da metade do ano letivo. Apesar disso, por se tratar de filhas de um militar estrangeiro a serviço na Alemanha, Lourdes, Izza e Albinha foram imediatamente matriculadas, concessão feita mediante a determinação do Exército alemão.

No começo foi difícil, mas como se tratava de crianças, o aprendizado da língua foi muito rápido e possibilitou a elas logo se integrarem às aulas e às colegas (era um colégio só para meninas). A convivência com as outras alunas era boa, mas, inicialmente, distante.

Como não dominavam a língua, não poderiam, inicialmente, ser "encaixadas" em nenhuma classe do ensino regular. Dessa forma, foi criada uma turma especial, apenas para as brasileiras, filhas de militares e diplomatas brasileiros que frequentariam aquela escola.

Tiveram, desde o início, como professora, uma simpática freira, chamada Tarcísia ou, como era chamada pelas meninas, *Mutter* Tarcisia (Madre Tarcisia). No início, a Madre Tarcisia ensinava apenas o alemão para as meninas, começando por apontar objetos e dizer como se chamavam, em alemão.

A freira também se interessou em aprender português e, para isso, andava para todos os lados com um dicionário de bolso, de português! Aos poucos, começou a ensinar a escrita em alemão, utilizando-se do alfabeto gótico, que era usado na Alemanha, naquela época.

O gótico era um alfabeto muito parecido com o utilizado em todo o mundo ocidental, mas apresentava algumas letras diferentes, assim como o alfabeto utilizado em muitos países europeus, até hoje, como a Suécia, Grécia etc.

Para Lourdes e Izza, que já sabiam ler e escrever bem, quando foram para a Alemanha, aprender um novo alfabeto junto com a língua falada era bem difícil, mas estavam adorando a novidade. Já Albinha, que ainda não havia aprendido a ler nem a escrever no Brasil, iniciou sua alfabetização em alemão, aprendendo a escrever em gótico, desde o início. Para ela, o aprendizado da escrita alemã estava sendo mais fácil do que para suas irmãs mais velhas.

Para falar a língua, Albinha também apresentava uma facilidade ainda maior que as suas irmãs. Por se tratar de uma escola católica, todas rezavam Pais-Nossos e Ave-Marias em algumas situações e momentos do dia. Albinha aprendeu essas orações em alemão, sem tê-las conhecido antes em português. A língua alemã, para ela, acabou se tornando tão importante quanto o português. Mesmo em casa, ela preferia, muitas vezes, falar em alemão.

Todas tiveram de aprender os hinos da Alemanha e do partido nazista, pois, todos os dias, antes do início das aulas, as alunas ficavam enfileiradas no pátio principal da escola, para cantar esses dois hinos.

Como em todas as ditaduras da História, o nazismo utilizava, como tática de mobilização das massas, a exaltação ao nacionalismo e a tudo que fosse relacionado com a grandeza do povo e da própria Alemanha. Dessa forma, em todos os colégios do país, os alunos iniciavam o dia escolar cantando o hino nacional e o do partido de Hitler. Era obrigatório, e se uma escola desobedecesse a essa diretriz, certamente sofreria sérias punições.

Apesar de frequentarem uma classe "especial", as brasileiras interagiam com as alemãs em algumas aulas específicas, especialmente nas aulas ligadas a artes e trabalhos manuais. O colégio dispunha de uma grande sala, ou melhor, uma grande cozinha, que mais parecia uma cozinha industrial, para que as alunas aprendessem culinária. Eram dezenas de fornos e fogões, mesas para preparo dos pratos, utensílios para culinária etc.

Nessas aulas, as meninas brasileiras, juntamente com as alemãs, aprendiam de tudo, desde a fazer simples bolos de milho, até alguns pratos mais sofisticados, da cozinha tradicional alemã. Essas aulas de culinária eram, provavelmente, as de que Izza mais gostava.

Ela apreciava muito cozinhar, mas, principalmente, comer! Adorava ficar provando as "experiências gastronômicas" de Lourdes e de Albinha. Sempre que podia, também, acabava provando um pouco de tudo que as outras brasileiras e as alemãs faziam. Era a sua maior diversão!

A escola era muito bem aparelhada para as aulas de atividades práticas. Além das aulas de culinária, o grupo de brasileiras participava, junto com as alunas alemãs, de aulas de desenho, pintura, música, costura, bordados e escultura. Lourdes, Izza e Albinha se adaptaram rapidamente às aulas de atividades artísticas práticas. Realmente gostavam dessas aulas e, como consequência, acabavam mostrando um ótimo desempenho.

Lourdes, que já tinha noções de piano, aprendeu bastante nas aulas de música, sendo direcionada, especificamente, para o estudo de piano. Apesar das noções que tinha, não gostava muito dessas aulas (preferia as de pintura) e, quando "aprontava" alguma, era colocada em uma sala, isolada, para tocar piano...

Para ela era, realmente, uma punição! Entretanto, anos depois, reconheceria que esse estudo forçado havia sido uma contribuição cultural importante para sua vida.

A punição por suas travessuras ou transgressões a qualquer regra da escola era ficar praticando piano, sozinha, por duas horas ou mais. Não podia parar mais do que um minuto, pois sempre alguma das freiras ficava de plantão, ouvindo a "sinfonia". A sala de piano era bem isolada e ficava em uma torre, o ponto mais alto da escola.

As aulas de escultura eram realizadas em uma sala que disponibilizava para as alunas todo o equipamento necessário para a escultura em argila. Havia, inclusive, alguns fornos específicos para o processo de secagem e vitrificação da argila.

Essas aulas eram especialmente apreciadas por Albinha, que gostava de fazer potes, vasos e, eventualmente bonecos, como gatos e cachorros. Faziam as peças e, depois de secas, as pintavam como quisessem. Para elas era mais do que uma aula, era diversão!

Izza, por sua vez, gostava bastante das aulas de pintura, pois parecia ter uma habilidade natural para esse tipo de arte. Nessas aulas, as meninas faziam pinturas a óleo, carvão e lápis. Lourdes também se saía muito bem nesse tipo de atividade.

Nessas e em outras aulas práticas como, também, as aulas de costura, Lourdes, Izza, Albinha e as outras brasileira tinham a oportunidade de se entrosar com suas colegas alemãs. As aulas de costura eram bastante concorridas, pois as meninas acreditavam que saber fazer reparos simples em roupas era uma obrigação, pois quando crescessem e viessem a se casar, precisariam saber cuidar das roupas de seus maridos...

É claro que um colégio de freiras, na década de 30 iria priorizar matérias práticas para meninas, visando sua utilidade no casamento, para cuidar da casa e de seus maridos e filhos.

Naquela época, meninas, vindas de famílias de nível social mais elevado, eram criadas apenas para ter uma boa bagagem cultural (para não "fazer feio" perante o marido!) e aprender tarefas práticas, que seriam úteis no casamento. Ninguém era criada ou ensinada, visando o mercado de trabalho, que era muito fechado para as mulheres.

Sem as barreiras e preconceitos dos adultos, as meninas alemãs eram naturalmente curiosas e, muitas vezes, "malvadas" ou prepotentes. Queriam saber tudo sobre o distante país da América do Sul de onde suas novas colegas acabaram de chegar.

Pediam para ver fotos e saber como eram as cidades, a vida e as pessoas de lá. Como nos dias de hoje, o desconhecimento sobre o Brasil era grande, aliás, bem pior! Perguntavam como era viver em um país de índios, florestas e cheio de cobras!

Estranhavam o fato de Lourdes, Izza e Albinha serem brancas e de olhos claros. Não entendiam como poderiam ser brasileiras. Um dia, perguntaram a Lourdes onde havia nascido. Sua cidade natal, assim como a de sua mãe, Alba, é São Francisco do Sul em Santa Catarina, o que parece ter "esclarecido tudo" às jovens alemãzinhas.

Ao saberem da origem de Lourdes e de sua família, creditaram sua aparência "ariana" à certeza de que seriam, de alguma maneira, descendentes de alemães. Essa certeza se dava por acreditarem que Santa Catarina fosse uma colônia alemã na América do Sul. Nem sabiam ou acreditavam que fosse parte do Brasil!

Quem poderia imaginar que alemães, naquela época, até mesmo crianças de uma escola católica, soubessem da existência de Santa Catarina e a considerassem uma colônia germânica!

Outra situação comum e constrangedora para as meninas brasileiras foi mostrar fotos do Rio de Janeiro, dos prédios de Copacabana ou do centro da cidade e serem acusadas de mentirosas pelas colegas. Só poderiam ser fotos de cidades como Nova York ou qualquer outra, menos de uma cidade brasileira! Lourdes e Izza ficavam com raiva da desconfiança das amigas. Apesar disso, o relacionamento com as colegas e com as freiras era muito bom.

Madre Tarcisia era especialmente cuidadosa e interessada pelas jovens estudantes brasileiras. Tentava aprender o que pudesse de português e de tudo sobre o Brasil. Por não saber ou entender direito o português, a Madre alemã não gostava que as meninas ficassem falando o nosso idioma perto dela, a não ser que fosse para ensiná-la.

Sempre achava que as garotas pudessem "caçoar" dela, o que, de fato, às vezes faziam. Eram sempre "brincadeirinhas bobas", falando da pobre Madre, sem que ela nada entendesse. Quando "pescava" alguma palavra que as alunas brasileiras falavam, corria ao dicionário para ver se as "pegava no pulo".

A rotina das crianças era simples: consistia em ir para a escola todas as manhãs e voltar no final da tarde. Como a cidade era tranquila, as meninas caminhavam na ida e na volta com toda a calma, conhecendo, todos os dias, novos lugares e pessoas.

Depois que chegavam a casa, ainda dedicavam algum tempo, estudando alemão. Desde o início, por se tratar de uma grande novidade na vida delas, estudar, falar e escrever em alemão era uma diversão. Além disso, sabiam que, sem dominar bem o idioma, não poderiam aproveitar tudo que havia de bom na cidade.

Por se tratar de uma escola frequentada por filhas de parte da elite local, o colégio recebia, com certa frequência, visitas ilustres, pois fazia parte do plano nazista engajar todos os jovens na ideologia do partido e de Hitler.

Por esse motivo, especialmente Lourdes, Izza e, também Albinha, tiveram a oportunidade de conhecer, pessoalmente, em suas salas de aula, ou no pátio da escola, ministros do Reich, como Paul Joseph Gebbels, que era o ministro da Propaganda de Hitler e Herman Goering, comandante-chefe da *Luftwaffe*, a Força Aérea Alemã.

Para elas, estavam conhecendo personagens ilustres da vida alemã, mas nem podiam suspeitar que estavam conhecendo, na verdade, alguns dos maiores criminosos nazistas da Segunda Guerra Mundial, que, naquele momento, ainda não haviam começado a realizar as atrocidades que iriam deixar estarrecido o mundo, pouco tempo depois.

Gebbels foi um dos personagens principais em toda a história da ascensão de Hitler e do nazismo. Apesar de terem sido usadas para o mal, as estratégias de propaganda criadas por ele são consideradas, até hoje, inovadoras, mas, em muitos casos, antiéticas.

O Ministério da Propaganda produzia filmes de enorme apelo popular, contendo propaganda de incentivo ao engajamento dos jovens nas atividades do partido nazista, no engrandecimento do próprio nazismo e até mesmo material de propaganda antissemita. É dele a célebre frase "uma mentira repetida mil vezes, passa a ser uma verdade"...

O Ministro da Propaganda de Hitler foi, também, o "pai" da propaganda subliminar, técnica de enviar diretamente ao subconsciente de uma pessoa uma informação ou propaganda sem que o receptor tenha consciência disso. Essa técnica, já foi abolida do mercado há muitas décadas, por ser considerada antiética.

Goering, por sua vez, além de comandar a *Luftwaffe* (a Força Aérea alemã), acabou se tornando o braço direito de Hitler, pois passou a controlar os esforços de guerra nas áreas da economia e da produção.

Foi um dos principais heróis alemães da Primeira Guerra Mundial, tendo recebido diversas condecorações por bravura em combates aéreos. Na ocasião na qual Lourdes, Izza e Albinha o conheceram, ocupava o posto de marechal-do-ar, o primeiro da *Luftwaffe*, além do cargo de ministro da Aviação e presidente do *Reichstag*, o parlamento alemão. Era considerado por Hitler como seu sucessor natural.

Com o fim da Guerra, Goering foi preso e levado a julgamento em Nuremberg, cidade alemã que foi palco do julgamento dos principais nazistas acusados de crimes de guerra e contra a humanidade. Goering foi condenado à morte, mas, antes de sua execução, cometeu suicídio na prisão, ingerindo uma cápsula de cianureto.

As meninas conheceram, também, Heinrich Himmler, comandante da SS, ala militar do partido nazista, que ajudava Hitler a ter o controle sobre a sociedade alemã. A SS também veio a incorporar a *Gestapo*, a polícia secreta alemã que, sob o forte comando de Himmler, tornou-se temida por toda a população.

Himmler talvez tenha sido o maior arquiteto do Holocausto, administrando todos os campos de concentração e organizando o genocídio de milhões de judeus. Era, também, a pessoa ligada a Hitler que mais se preocupava com a "limpeza racial" a ser feita na Alemanha, visando a criação de uma nação totalmente ariana, assim como queria o *Führer*.

No final da Guerra, Himmler foi capturado por militares dos Estados Unidos e destinado a ser julgado como criminoso de guerra. Entretanto, não suportou a pressão e suicidou-se, ingerindo uma cápsula de cianureto, pouco tempo depois de ser capturado.

Além dos ministros e membros do partido nazista, muitas vezes o colégio era visitado por oficias do primeiro escalão do Exército ou da *Gestapo*.

Algumas das filhas de outros oficiais e diplomatas brasileiros que moravam em Essen, também estudavam no Colégio Beata Maria Virgines. Por essa razão, nas visitas dos importantes membros da elite do governo nazista, os representantes de Hitler sempre acabavam fazendo várias referências ao Brasil, em especial a Santa Catarina, local que consideravam como a principal colônia alemã na América do Sul e futuro alvo de interesse do governo alemão.

Lourdes presenciou discursos no colégio, proferidos por alguns desses "ilustres" visitantes, que se referiam a Santa Catarina, sem ao menos se referir ao Brasil. Era visível que acreditavam que o Estado do Sul do Brasil fosse, na verdade, um território autônomo, ou mesmo, um pequeno país sul americano de colonização alemã que, eventualmente, se tornaria parte do império alemão...

Nos discursos que faziam ou nas conversas mais informais que ministros e oficiais alemães tinham com as alunas brasileiras no colégio, ficava claro que eles estavam fazendo com as brasileiras o que faziam havia anos com os jovens alemães, ou seja, propaganda nazista, incentivando a ligação e os laços entre a Alemanha e o Brasil.

Eventualmente, o próprio Hitler fazia aparições em Essen, em ocasiões como paradas ou, simplesmente, para continuar em sua campanha populista, fazendo discursos na cidade, especialmente em grandes indústrias locais. Além desses compromissos públicos, em muitas de suas passagens por Essen, Hitler era recebido por Alfried Krupp em sua mansão, a *Vila Hügel*.

Em algumas dessas aparições públicas de Hitler em Essen, Lourdes, Izza e Albinha puderam até mesmo vê-lo de longe. Em uma dessas vezes, ao vê-lo passar, "ousaram" não fazer a saudação nazista (levantando o braço direito esticado) e, sem saber de onde, acabaram levando um tapa na cabeça, de algum alemão indignado!

Mesmo assim, ver Hitler, naquele momento, para aquelas meninas, era como ver de longe um "pop star", pois ele era realmente admirado pela maioria do povo. O processo de "lavagem cerebral" ao qual o povo alemão estava sendo submetido, havia vários anos, estava funcionando muito bem. Essa era a maior prova do sucesso e da eficiência da propaganda nazista, planejada e conduzida por Gebbels, o braço forte da propaganda de Hitler.

Uma das principais táticas de Gebbels, para transformar Hitler em um "astro" para a população era, simplesmente, transformá-lo num personagem de seus filmes. Hitler era filmado constantemente para que fosse possível editar as imagens e produzir filmes que fizessem com que o povo alemão, cada vez mais, adorasse o seu *Führer*.

No colégio, as amigas alemãs de Lourdes, Izza e Albinha, sempre que o assunto surgia, mostravam uma verdadeira adoração ao Führer. Se alguma das brasileiras ousasse dizer alguma coisa que, supostamente, fosse contrária aos ideais de Hitler, as alemãzinhas protestavam imediatamente.

Isso, de certa forma, acabava por influenciar as meninas que, se não fosse pelos pais brasileiros e, especialmente, pela clareza de visão de Gellio, Lourdes e Izza teriam sucumbido ao consenso popular de que Hitler era um grande "pai" para todos os alemães, e que estava criando um país melhor e, até mesmo, melhorando a raça do povo alemão...

CAPÍTULO VII
A VIDA DA FAMÍLIA EM ESSEN

Apesar de ter sido uma época tensa na Europa, a Alemanha de 1938 era um lugar seguro para seus habitantes. Nada de crimes ou violência urbana. Essen era uma cidade limpa e organizada.

Mesmo sendo uma cidade industrial, havia vários lugares muito bonitos para se visitar, como parques, museus, um comércio bem diferente do brasileiro, com grandes lojas de departamento, além do comércio tradicional de rua.

Os produtos à venda no comércio local eram de uma variedade tão grande, que deixavam Alba, suas filhas e Yolanda "loucas", despertando um impulso consumista que elas nunca haviam experimentado. Dava vontade de comprar tudo! Encontrava-se à disposição os mais diversos produtos ainda "impensáveis" no Brasil, como utilidades domésticas "sofisticadas" para a época: batedeiras, liquidificadores etc.

Fora do horário de aula, as crianças brincavam e saiam com amigas do colégio, com vizinhas ou com filhas de alguns oficiais alemães que trabalhavam com o major Gellio. Através dessa convivência, puderam conhecer bem o que faziam e como pensavam as adolescentes, e, ainda, um pouco da vida de seus pais.

Na grande praça que ficava na frente do prédio onde morava a família brasileira, Izza, Lourdes e Albinha costumavam andar de bicicleta ou de patins. Era um lugar muito bom para isso, pois o chão era bem liso e muitas outras crianças e adolescentes também frequentavam a praça depois da escola.

Lourdes, Izza e Inésia também costumavam ir, após o horário da escola, passear em uma grande loja de departamentos da cidade, a Althoff. Muitas vezes, iam todas com Alba, para fazer compras. Yolanda também gostava muito dos passeios na Althoff e, sempre que podia, ia àquela loja, sozinha ou com Inésia. Era relativamente perto de casa, mas tinham de ir de bonde.

Era uma grande loja de departamentos, nos moldes da Sears americana ou das antigas lojas brasileiras Mesbla e

Loja de departamentos Althoff, em Essen.

Mappin, só que maior, com mais departamentos e opções de lazer, como lanchonete e restaurante. Era um ambiente luxuoso, com lustres de cristal e tapetes vermelhos.

A comparação era inevitável. Todas diziam que as lojas da Mesbla, no Rio de Janeiro, não chegavam nem perto do que era a Althoff. E elas estavam totalmente certas nessa afirmação.

Fundada em 1912, a grande loja dispunha de 10.000m² de área e 53 departamentos, que funcionavam como um verdadeiro "imã", para as meninas! Durante um bom tempo "bateram cartão" quase todos os dias para "vasculhar" as seções de roupas, acessórios e tudo mais que fosse novidade para essas garotas, que nunca haviam visto um lugar como aquele.

Sempre queriam voltar para casa carregando alguma coisa, mesmo que fosse algo sem importância e barato. Era só para dizer que haviam comprado na Althoff!

Quando iam lá, como já foi dito, utilizavam o bonde, que também fazia parte do passeio. Não era muito longe de casa, mas, a pé, certamente, seria muito cansativo e demorado. Izza não gostava muito de andar de bonde, pois, sempre que estavam sentadas e um adulto quisesse sentar, eram obrigadas a ceder o lugar...

Outro passeio que as meninas gostavam de fazer era ir ao cinema. Lourdes, Izza e Albinha costumavam assistir a filmes nos cinemas da cidade, especialmente em um que ficava perto de casa. No início, quando a família de Gellio chegou à Alemanha, a programação dos cinemas de Essen era feita de filmes alemães e, eventualmente, alguns americanos.

Filmes com Shirley Temple ou Clark Gable, eram os preferidos das meninas. Com o passar do tempo, os filmes americanos se tornaram cada vez mais raros, dando lugar a uma programação exclusivamente feita com filmes alemães; parte da estratégia de marketing do Ministério da Propaganda de Hitler.

Tanto as salas de cinema quanto os filmes passaram a ser exclusivamente de uma empresa chamada UFA, tradicional no ramo cinematográfico, que era uma espécie de Hollywood alemã. Nomes famosos do cinema alemão passaram pela UFA, como a atriz Marlene Dietrich ou o diretor Fritz Lang, que dirigiu e produziu o famoso "Metropolis", um dos ícones do cinema expressionista alemão.

Entretanto, com a administração de Joseph Gebbels, ministro da propaganda do governo de Hitler, boa parte dos filmes produzidos por aquela empresa destinava-se, única e exclusivamente, à propaganda nazista dos ideais raciais arianos e à disseminação do antissemitismo. Até mesmo filmes de treinamento para os militares eram produzidos pela UFA. Até o famoso diretor de cinema Fritz Lang foi convidado por Hitler para produzir filmes de propaganda nazista (o *Führer* era um fã de cinema). Lang não só se recusou como fugiu para Paris, de onde começou a produzir filmes antinazistas.

Mesmo com as mudanças na programação dos cinemas, as meninas não deixavam de comparecer, pelo menos uma vez por semana, para assistir a filmes, quaisquer que fossem eles. Pela falta de opção, passaram a gostar dos filmes alemães (as produções eram muito bem feitas e agradavam facilmente o público). Muitos desses filmes continham mensagens claramente nazistas. Em outros, os produtores utilizavam a famosa propaganda subliminar nazista.

Izza gostava da sensação de sair do cinema às oito horas da noite e ainda ser dia, na primavera e verão da Alemanha, quando o anoitecer pode acontecer até mesmo após as nove horas da noite.

Nada parecido com o mesmo horário no Brasil, onde, a essa hora, já é noite (e naquela época, não havia o horário de verão)! Normalmente, eram acompanhadas por Inésia ou Yolanda, que também gostavam bastante de cinema.

Nos finais de semana, sempre que possível, Gellio e Alba levavam toda a família para passear ou viajar. Em Essen, em dias mais quentes, costumavam fazer piqueniques em uma praça, bem arborizada, dentro da cidade. Alba já tinha tudo preparado: uma cesta com um aparelho completo de pratos, copos e talheres. Gostava de tudo organizado, até mesmo para um piquenique!

Nas férias escolares de 1938 (que acontecem nos meses de junho, julho e agosto), a família aproveitou para fazer algumas viagens curtas pela região de Essen. Às vezes, passavam um final de semana fora ou, eventualmente, era uma viagem de ida e volta no mesmo dia.

Conheceram muitas, pequenas e agradáveis cidadezinhas das redondezas; algumas pareciam ter saído de algum conto

Prédio em *Izabellestrasse*, residência de Gellio e sua família, durante a estadia em Essen.

de fadas. Casas antigas, tranquilidade e lugares lindos! Foram, também, conhecer a Holanda, onde passaram alguns dias em Amsterdã e em Haia.

Para a Holanda, país do qual Gellio gostou muito, a família voltou várias vezes, sempre se hospedando no Hotel Orange, pequeno, que parecia uma pousada, mas ficava no coração de Haia. Outras vezes, se hospedavam em Amsterdã, para passarem o fim de semana.

No colégio, Lourdes e Izza ficaram amigas de algumas meninas, mas principalmente de Gerda e Ursula, com quem eventualmente saiam para ir ao cinema ou a algum outro passeio.

Na sua vizinhança, conheceram Gisela filha do capitão da SS, Weinfried, que morava no mesmo prédio, além de Helga e Michael que moravam em uma casa na mesma rua e estavam prestes a sofrer muito com a guerra e com o nazismo, da pior maneira possível, pois eram de uma família de judeus.

Enquanto o pior ainda não acontecia, a vida seguia tranquila na região. Alba controlava a casa com a ajuda de sua irmã e de Inésia. Faziam compras de mantimentos nos mercados próximos e compravam coisas para decorar a casa, enfeites e utensílios que planejavam levar para o Brasil após sua estadia na Alemanha.

Depois que a barreira da língua havia sido superada, Alba passou a fazer amizade com as esposas de oficiais alemães que começaram a frequentar sua casa, principalmente Eva, esposa do major Köhl com que o major Gellio frequentemente se encontrava para reuniões. Eva mostrou a Alba a cidade e todos os lugares interessantes que as mulheres frequentavam.

Outra amiga com quem Alba passou a ter bastante contato, como já foi dito anteriormente, foi Anneliese Krupp, esposa de Alfried Krupp, com quem Gellio acabou desenvolvendo um bom relacionamento e amizade. Assim como Eva, Anneliese ia com Alba a lojas, salões de chá, além de levá-la para conhecer muitos pontos turísticos da cidade.

Conversavam muito sobre tudo, seus maridos e, eventualmente, sobre o "clima" que começava a pairar sobre os alemães e sobre toda a Europa. Muitos encontros do grupo de amigas aconteciam na mansão da família Krupp.

Com o entrosamento do major Gellio com os oficiais alemães, tornaram-se comuns jantares na casa dos brasileiros ou dos alemães, onde Gellio e Alba sempre compareciam, mantendo uma convivência social agradável, mas desconfiada. Também frequentavam, cada vez mais, a *Vila Hügel*, como era conhecida a impressionante propriedade onde ficava a mansão da família Krupp.

Praça em frente ao apartamento da família de Gellio, no início de 1939.

Lourdes e Izza conhecerem, no segundo semestre de 1938, um jovem chamado Peuler (se pronuncia "Póiler"), de quinze ou dezesseis anos de idade, que fazia parte da juventude de Hitler e que se orgulhava de "patrulhar" o comportamento da população, pois acreditava estar prestando um importante serviço à Alemanha e ao próprio Hitler. Aquele garoto, assim como a grande maioria dos *Hitler-Jugend* seria capaz de fazer qualquer coisa pelo seu *Führer*.

Peuler era irmão de Lore, amiga de Lourdes e Izza, que morava com seu irmão e pais apenas a algumas quadras de distância da casa dos brasileiros. Lore se tornou grande amiga das meninas, que a conheceram andando de bicicleta, na praça que ficava em frente ao apartamento em que moravam.

Para as meninas, Peuler era um jovem "mais velho" e bonito, especialmente por estar sempre vestindo um uniforme cáqui com uma suástica no braço, característica da *Hitler-Jugend*. Até aquele momento, elas não sabiam muito sobre a "Juventude de Hitler", apenas que eram garotos que andavam uniformizados, prestando serviços à sociedade e que eram como "jovens soldados".

Elas nem "sonhavam" com as atrocidades que muitos desses garotos seriam capazes de fazer! Certamente, se Lourdes e suas irmãs soubessem o que representavam ou o que os "Filhos de Hittler" eram capazes de fazer, nunca teriam se aproximado do rapaz, especialmente Lourdes...

Ela, sem que seus pais soubessem, começou um "namoro" com o garoto. Os dois se encontravam, algumas vezes por semana, após a escola e, eventualmente, iam ao cinema, sempre na companhia de Izza e de Lore.

Pouco tempo depois de começar a namorar Peuler, Lourdes teve uma gripe muito forte, seguida de amigdalite. O médico que a examinou recomendou uma cirurgia para a retirada das amígdalas, mas, atendendo ao pedido de Lourdes, Gellio contrariou Alba e disse que sua filha não iria ser operada, e que aguardariam pela sua melhora sem a intervenção cirúrgica.

Alba, que não havia gostado da decisão de seu marido, planejou uma forma de fazer com que Lourdes se operasse de qualquer maneira: iria esperar mais dois dias, até que Gellio partisse em viagem para uma cidade próxima, para acompanhar alguns testes de armamentos e, sem que Lourdes suspeitasse, iria levá-la a uma consulta no hospital. Assim que chegasse lá, não haveria como evitar a cirurgia.

Foi o que aconteceu: dois dias depois, sem a presença de Gellio, Alba disse a Lourdes que a levaria a uma consulta médica, para ver como estava sua garganta. Quando chegaram ao hospital, já eram aguardadas pelo médico e dois enfermeiros que pegaram a jovem, literalmente à força, levando-a a deitar-se em uma maca, na qual a colocaram para dormir com sedativo inalável.

Antes de "apagar", Lourdes gritou por socorro e, vendo que sua mãe não a ajudaria, gritava com todas as forças por seu pai. Para a jovem que tinha muito medo de ser operada, foi uma experiência horrível.

O mais impressionante é que, mesmo estando fora da cidade, Gellio, no mesmo momento, teve a sensação de que algo de errado estivesse acontecendo a Lourdes e, sem mesmo entender o porquê, voltou imediatamente para Essen, pois, do local onde estava, não tinha como falar com sua família por telefone.

É claro que, quando chegou, já era tarde demais, e Lourdes já havia sido operada. De qualquer forma, quando acordou, a menina pôde ver o pai ao seu lado e ficou mais tranquila, apesar da raiva que sentia de sua mãe, por tê-la enganado!

Alba sempre disse que tomou aquela medida drástica por acreditar que seria o melhor para a filha. Gellio, é claro, reprovou essa atitude, mas, o que estava feito, não mais poderia ser desfeito...

Nesse mesmo dia, Peuler soube da cirurgia a que Lourdes havia sido submetida e, como "bom namorado" que tentava impressionar, decidiu ir ao hospital visitá-la, levando uma rosa. Ao chegar ao quarto de Lourdes e abrir a porta, viu-se frente a frente com o major brasileiro e toda a família. Muito constrangido, apenas jogou a rosa sobre a cama e saiu correndo.

Alba e Gellio nada entenderam, pois nem conheciam o rapaz. Em seguida, Izza tratou de inventar uma boa desculpa para a situação. De qualquer maneira, Lourdes, que não conseguia nem falar direito, não gostou da atitude do namorado e, depois disso, nunca mais se viram.

No ano seguinte, com o início da Guerra, souberam que Peuler fora convocado para servir e lutar no *front*. Depois disso, nunca mais tiveram notícias do rapaz que se tornou soldado aos 16 anos de idade...

O final de 1938 se aproximava e, como sempre, as meninas estavam ansiosas pela chegada do Natal. Por se tratar das primeiras festas que passariam na Alemanha, toda a família esperava com certa alegria, o que prometia ser o primeiro dos cinco Natais naquele país.

Ao contrário do que se via no Brasil, já naquela época as decorações natalinas na Alemanha eram de "cair o queixo": muitas luzes e enfeites lindos. Alba comprou uma árvore de Natal para decorar a casa. Era tudo diferente do que conheciam e faziam no Brasil.

Como ainda não havia as árvores de Natal de plástico, comuns nos dias de hoje, as árvores de Natal artificiais eram confeccionadas com os mais diversos materiais. A que Alba comprou, era coberta com uma camada de penas verdes (sabe-se lá de que ave!).

Apesar de linda, a árvore de penas acabou sendo guardada para ser enviada ao Brasil. Naquele Natal, Alba pediu a Gellio que comprasse uma grande árvore natural, um pinheiro de mais de dois metros de altura. Depois de devidamente enfeitado, o grande pinheiro se transformou na mais bela árvore de Natal que a família já havia visto.

Na Alemanha, as tradições de Natal são diferentes das brasileiras. São comemoradas várias datas, desde o início de dezembro, até a véspera de Natal e o Dia de Natal, propriamente dito. As comemorações só terminavam em seis de janeiro (Dia de Reis), dia no qual os alemães trocavam os presentes (ao contrário do Brasil e da maioria dos países, nos quais a troca de presentes acontece na véspera ou no Dia de Natal) e desmontavam seus enfeites e árvores.

O principal "charme" natalino, entretanto, estava sendo a neve! Sim, a neve que faz parte dos Natais no hemisfério norte e que nem sequer era conhecida pela família brasileira. Todos estavam adorando o frio e a neve. Mesmo Alba, Gellio, Yolanda e Inésia, de certa forma, estavam aproveitando aquela época natalina como se fossem crianças, pois nunca haviam vivido uma experiência como aquela.

As aulas, na Alemanha, não são interrompidas para as festas de final de ano. Apenas uma semana de descanso, antes do Ano Novo, era tudo que as meninas podiam ter da escola. Já em 1939, desde o início do ano, Lourdes, Izza e Albinha começaram a notar que algumas das alunas alemãs não estavam mais indo à escola e começaram a ficar curiosas.

Nesse mês de janeiro de 1939, em pleno inverno, em um final de semana, Gellio levou toda a família, de carro, para conhecer a famosa Floresta Negra (*Schwarzwald*), que fica na região sudoeste da Alemanha.

Foi um dos dias mais frios que passaram na Alemanha, pois estava abaixo de vinte graus negativos! Para brasileiros que nunca haviam experimentado temperaturas tão baixas, era praticamente insuportável!

A Floresta Negra é uma área enorme de uma cordilheira, com vales lindos. No inverno, época em que estavam por lá, as montanhas e os vales ficam cobertos pela neve e faz muito frio. Mesmo assim, continuava sendo um ponto turístico importante e bastante visitado, especialmente pelas pessoas que desejavam praticar algum esporte de inverno como, por exemplo, a patinação no gelo.

Gellio alugou um chalé nas imediações da floresta. Ficaram na área norte da floresta. Era um lugar lindo, tudo estava coberto por uma camada muito espessa de neve fofa. As crianças, assim que chegaram, começaram a brincar, fazendo bonecos, esculturas e, obviamente, atirando bolas de neve umas nas outras.

Enquanto Alba e Gellio arrumavam a casa, acendiam a lareira e deixavam tudo pronto, as crianças continuavam brincando do lado de fora (não se esqueçam que estava cerca de 20 graus abaixo de zero!). Quando Alba deu-se conta de que as meninas estavam havia tempo demais no frio, tratou de colocá-las para dentro. Já era tarde.

Com os pés e pernas afundando na neve por tanto tempo, mesmo com roupas grossas e botas de couro, os pés e pernas de Izza e Albinha, especialmente, ficaram praticamente congelados. Já não sentiam mais essas partes do corpo. As mãos das garotas não estavam muito diferentes, mesmo com a proteção de grossas luvas.

Alba colocou as três filhas que estavam do lado de fora, na frente da lareira (era bem grande e capaz de aquecer toda a casa).

Enquanto "descongelavam", as meninas sentiam dores fortíssimas nos lugares mais afetados, especialmente mãos e pés. Depois disso, como em qualquer lição de vida, passaram a ter bastante cuidado e a não demorar tanto nas brincadeiras na neve!

No dia seguinte, passaram um bom tempo (mas sem exageros...) patinando sobre um grande lago congelado. A camada de gelo em que se transformou a água do lago era tão espessa que Gellio e outras pessoas, chegavam a parar seus carros sobre o lago congelado. Quando o frio "apertava", as meninas paravam de patinar para irem se aquecer, ficando próximas ao escapamento do carro de Gellio, que o ligava especialmente para esse fim.

O inverno de 1939 foi bem aproveitado por toda a família. Além do final de semana na Floresta Negra, Gellio levou-a várias vezes a Paris, Berlin, Dusseldorf, Colônia, Amsterdã e Haia, em finais de semana e feriados, sempre que possível.

Enquanto o inverno prosseguia, também continuava o trabalho de Gellio nas indústrias Krupp e nos campos de teste de armamentos. Lourdes, Izza e Albinha seguiam com sua vida escolar, enfrentando o frio nas ruas, mas gostando e se divertindo com as brincadeiras que só são possíveis na neve.

Dia após dia, o número de alunas da escola diminuía, até que em meados de março de 1939, Lourdes e Izza acabaram por perguntar para a Madre Tarcisia qual era a razão do "sumiço" das alemãs. Foi então que ficaram sabendo que Hitler, pouco tempo antes, havia feito um discurso, no qual disse que não gostaria mais de ver os jovens alemães estudando em colégios religiosos e que, por essa razão, os pais estavam tirando suas filhas daquela escola.

Em casa, comentaram com seus pais sobre a "debandada" das alemãs da escola. Gellio e Alba disseram já saber o que estava acontecendo no Colégio Beata Marie Virgines. O major disse que as meninas deveriam continuar a frequentar a escola, junto com as outras brasileiras, pois achava que seria melhor para as suas filhas. Acreditava, também, que não haveria nenhum perigo, pois o colégio estava atendendo às necessidades dos militares e diplomatas brasileiros que, até aquele momento, gozavam de bom prestígio no governo de Hitler.

Já com um número bastante reduzido de alunas, o colégio sofreu uma intervenção militar, ao contrário do que Gellio previra. Parte da escola foi tomada por um destacamento do Exército, que utilizava as instalações da escola como base militar.

Essa situação tornou cada vez mais difícil a vida das freiras e das alunas. No começo da ocupação do grupamento militar, era raro ver soldados ou oficiais alemães transitando pela área que ainda era utilizada pelas freiras, para continuar o trabalho escolar. Entretanto, aos poucos, tornava-se comum os militares serem vistos andando por todo o colégio, o que causava grande embaraço para as freiras e um enorme desconforto para as meninas.

No início de setembro de 1939, logo após a volta às aulas das férias de verão e o início da Guerra, o colégio já não tinha mais nenhuma aluna alemã, e as freiras se concentravam somente no ensino do pequeno grupo das brasileiras. Lourdes e Izza, as mais velhas, estavam muito desconfortáveis com a situação, mas tinham de continuar frequentando as aulas, normalmente, como se nada estivesse acontecendo.

Com a situação na escola ficando cada vez mais difícil, Gellio decidiu que Albinha, por ser a mais nova das que frequentavam a escola, não deveria mais voltar às aulas. Foi o primeiro passo para que a família começasse a se desligar, aos poucos, da vida em Essen e na Alemanha.

Poucos dias depois do início das aulas, Lourdes e Izza estavam voltando a pé do colégio, quando foram abordadas por dois jovens do grupo da "Juventude de Hitler". Eles ouviram as duas conversando em português e, como não conheciam o idioma, acreditaram que se tratava de duas judias. Passaram a segui-las, gritando que eram judias.

As duas apressaram o passo, mas foi inútil, pois um dos jovens, por trás, chutou Izza e ameaçaram bater nas duas. As meninas, apavoradas, gritaram por socorro. Foi o que as salvou, pois um grupo de senhoras que estavam em um apartamento próximo, vendo o que estava acontecendo, desceram e foram em auxílio das duas. Os rapazes da *Hitler-Jugend*, contrariados, deixaram as meninas em paz e foram embora.

Quando chegaram a casa, ainda se refazendo do susto, contaram para a família o que haviam passado. No mesmo dia, Gellio e Alba decidiram que Lourdes e Izza, assim como Albinha, não mais deveriam ir à escola, pois não haveria mais garantia de segurança.

Depois do ocorrido com suas duas filhas, Gellio conversou com seus colegas oficiais brasileiros, que também mandavam suas filhas àquele colégio, e recomendou que nenhuma menina continuasse frequentando o B.M.V.

Em meados de setembro de 1939, o "Beata Marie Virgines", que havia sido, até pouco tempo, o colégio frequentado pelas filhas da elite de Essen, não tinha mais nenhuma aluna. Com isso, a escola foi oficialmente fechada e tomada pelos militares. O destino das freiras, depois disso, tornou-se incerto e, pouco tempo depois, haviam, simplesmente, "desaparecido"...

Com o crescimento da perseguição aos judeus e a outras minorias, um dia, Alba, Yolanda, Inésia e as meninas, foram pegas de surpresa por um apedrejamento que quebrou uma das janelas do apartamento. Yolanda e Inésia correram para tirar as meninas de perto das janelas e protegê-las. Foram todas, rapidamente, para debaixo da mesa da sala, onde ficariam mais protegidas se mais pedras voassem pela janela.

Ficaram todas muito assustadas, começaram a gritar e as meninas entraram em pânico. Laís e Albinha não paravam de chorar, enquanto Lourdes e Izza tentavam não se desesperar. Passado o susto inicial, Yolanda e Inésia trataram de consolar as meninas, dizendo que o perigo já havia passado.

Enquanto gritavam bem alto bordões antissemitas, um grupo da "Juventude de Hitler" pixou uma das paredes do prédio, com a frase "porcos judeus". Alba estava muito preocupada e, assim que Gellio voltou para casa, à noite, foi informado do vandalismo.

Tentando se precaver de outros incidentes como aquele ou, talvez, ainda piores, Gellio, que já havia sido promovido a tenente-coronel, havia pouco mais de um mês, solicitou à embaixada brasileira, uma placa diplomática, para ser colocada na varanda de sua casa.

Enquanto esperava pela placa diplomática, Gellio hasteou uma bandeira brasileira, mostrando que se tratava de uma casa de estrangeiros e não de judeus. Entretanto, nessa época, a aversão por qualquer estrangeiro já estava tomando força entre os garotos da "Juventude".

Apesar de dar mais segurança à família de Gellio, apenas a bandeira brasileira, hasteada na varanda do apartamento, não era nenhuma grande garantia de tranquilidade.

Dois dias depois, foi colocada a placa diplomática, com a informação de que se tratava da residência oficial de funcionários da diplomacia brasileira. Mesmo assim, a situação estava cada vez mais difícil e Gellio temia por sua segurança e, principalmente, pela de toda a sua família.

Apesar dos incidentes, a rotina de trabalho de Gellio continuava normal, mas, quando comentava com seus colegas mais próximos a sua preocupação com a segurança de sua família, começou a ser aconselhado a levar Alba e toda a família para um lugar seguro, ou seja, outro país, até que fosse possível embarcá-las de volta para o Brasil. Tanto os oficiais alemães quanto os engenheiros da Krupp o aconselhavam desta forma.

No último jantar em que Gellio e Alba estiveram com o Sr. Krupp e Anneliese, Gellio também foi firmemente aconselhado pelo amigo empresário a levar toda a família para a Holanda, até mesmo com a recomendação de um bom hotel na cidade de Haia.

Krupp confirmou o que Gellio já sabia: que se ele resolvesse informar ao comando do Exército alemão sobre a sua intenção de levar a família para outro país, poderiam surgir suspeitas de espionagem ou de qualquer outra atividade contrária ao governo nazista. Em época de guerra, sentimentos paranóicos tornam-se mais comuns e, especialmente com os nazistas, a paranóia era ainda mais visível.

CAPÍTULO VIII
YOLANDA E INÉSIA

No final de 1937, Gellio ficou sabendo da missão na Alemanha, e que deveria levar toda a família. A pedido de Alba, que criava suas filhas com a ajuda de Inésia, Gellio incluiu a empregada de confiança da família que era, acima de tudo, uma babá para suas filhas. Por algum tempo, Inésia foi a única pessoa que estaria na viagem e não era da família.

Foi quando surgiu a suposição de que Alba teria muito trabalho na Alemanha, coordenando uma grande família, em um país do qual desconhecia até mesmo o idioma...

Gellio ficou preocupado e, ao mesmo tempo, sabia que para Alba seria muito ruim ficar sozinha com as meninas e, por sugestão e a pedido de sua mulher, autorizou Alba a convidar sua irmã, Yolanda, para morar na Alemanha com o resto da família. Yolanda gostou da idéia desde o início e achou que seria uma oportunidade única de morar na Europa.

Yolanda e Inésia eram duas jovens brasileiras em um país totalmente desconhecido, mas, especialmente bonito e com muitas coisas e lugares para se conhecer.

Por serem mais velhas que as filhas de Gellio e Alba, já mulheres (ambas tinham pouco menos de 20 anos, na época da viagem), tinham interesse em conhecer os melhores lugares da cidade. Inésia, que era de origem simples e tinha pouca instrução formal, estava completamente "deslumbrada" com tudo que via na Alemanha, desde a aparência das cidades e dos lugares, até a beleza do povo alemão que, apesar de "muito branquelo", como dizia, tinha uma beleza diferente.

Yolanda estava gostando do clima, das festas e dos jantares de que participava na companhia de Alba e do cunhado Gellio. Muitas vezes, sempre que possível, Yolanda chamava Inésia para passear, fazer compras e visitar lugares próximos. Quando Lourdes, Izza e Albinha estavam na escola, também eram comuns os passeios com Alba e a pequena Laís.

Quando saíam sozinhas, Yolanda e Inésia, eventualmente, chamavam a atenção de alguns jovens alemães que procuravam abordar as moças para tentar uma "paquera"...

Foi em uma situação como essa que Inésia conheceu o jovem Hans. Era um rapaz de 22 anos de idade, boa aparência, que andava pelas ruas de Essen montado em sua moto BMW, modelo 1937. Vinha de uma família com boa situação financeira e, também, era uma pessoa muito educada. No dia em que conheceu Inésia, Yolanda, que estava junto, sentiu uma ponta de "dor de cotovelo", pelo fato de o rapaz ter se interessado por Inésia, e não por ela, mas, depois, conformou-se com a situação.

Começaram a sair e a namorar. Alba e Gellio nem "sonhavam" com esse romance. Para os padrões da época e com a conduta severa de Gellio, Inésia ficaria "em maus lençóis", se Gellio descobrisse o novo namorado. Até mesmo Yolanda acabaria sendo repreendida por sua cumplicidade.

Yolanda era mais reservada e, na maioria das vezes, não dava muita conversa para os rapazes. Eventualmente, sem que Alba, a irmã mais velha, soubesse, saía para conversar com algum rapaz, mas acabou nunca tendo um namorado mais firme na Alemanha.

Já o namoro de Inésia e Hans ia de vento em popa. O casal se encontrava, escondido, quase todos os dias, na maioria das vezes, com ajuda da "cobertura" de Yolanda. Foram alguns meses e Inésia estava realmente feliz com seu namorado, e já falava com Yolanda sobre a possibilidade de não querer voltar ao Brasil, para se casar com Hans e continuar morando em Essen.

À medida que o romance "esquentava", Yolanda começou a desconfiar que Inésia pudesse estar indo além de um simples "namorinho". Depois de quase oito meses do namoro de Inésia com Hans, Yolanda começou a perceber que a empregada, que havia se tornado sua grande amiga, andava muito esquisita.

O comportamento estranho, evitando conversas sobre o namoro, fez com que Yolanda suspeitasse que o namoro dos dois não mais estivesse fazendo Inésia feliz. Inésia ficou desse jeito por algumas semanas, sem se abrir com a amiga e, como sempre, não demonstrando nada para Alba ou para as meninas.

Enfim, depois desse período, parecia que algo mais sério havia acontecido e Inésia chamou Yolanda para um passeio, pois queria conversar com a amiga. Hans a estava pressionando para se casarem e queria que Inésia já conversasse com Alba e Gellio, informando que ficaria na Alemanha e não moraria mais com a família brasileira.

Para Yolanda, mesmo já tendo pensado que isso poderia acontecer, foi um impacto. Pediu a Inésia que pensasse bem no que iria fazer, para não se arrepender depois. Como todos já estavam falando na possibilidade de uma guerra, Yolanda perguntou se Inésia iria ficar na Alemanha, assistindo o seu marido ir para a guerra e não voltar mais!

Depois disso, as duas começaram a argumentar mais agressivamente, até que Yolanda disse que somente Alba poderia dar algum juízo àquela cabeça! A princípio, Inésia se negou a falar com Alba, a menos que estivesse totalmente decidida a ficar com Hans na Alemanha. Foi então que Yolanda voltou a afirmar que, para que Inésia tomasse a decisão mais acertada, precisaria, ao menos, ouvir Alba.

Depois de alguns dias, nos quais Inésia estava visivelmente preocupada, decidiu conversar com Alba. Com o "apoio moral" de Yolanda, Inésia e Alba tiveram uma longa conversa sobre o assunto. Quando soube do namorado alemão, do qual nem desconfiava, e que o rapaz a queria como esposa, a primeira reação de Alba foi de raiva, pois se sentiu traída, por nunca ter sido sequer informada de que Inésia tinha um namorado.

Depois, com mais calma e ponderação, mostrou a Inésia que ela teria de decidir entre casar na Alemanha e lá ficar ou continuar na Alemanha até o fim dos trabalhos de Gellio naquele país e, então, voltar para o Brasil. Caso ela decidisse ficar na Alemanha, com Hans, deveria estar ciente de que, caso houvesse uma guerra, o que era considerado quase uma certeza, Hans iria, provavelmente, ser chamado para combater e, com isso, Inésia não poderia ter nenhuma garantia se ele retornaria ou não...

Outro fator que ela deveria levar em consideração era que toda a sua família, pai, mãe e irmãos estavam no Brasil e que se ela ficasse na Alemanha, provavelmente, nunca mais iria revê-los.

Depois, ocorreu a Alba perguntar a Inésia se o namoro deles estava realmente muito bem e o que ela achava de Hans. Foi nesse momento que Inésia, ponderado sobre Hans, disse que ele era um tanto agressivo e que nem sempre era uma boa companhia. Depois de dizer isso, ela mesma disse a Alba que não iria aceitar o pedido de casamento e que iria terminar definitivamente o namoro.

Para Alba e Yolanda foi um "alívio" e Inésia, apesar de triste, estava decidida, só restando ter uma conversa definitiva com o rapaz, o que aconteceu no dia seguinte.

Yolanda, por sua vez, também não saiu ilesa da conversa com Alba, que levantou todas as hipóteses sobre possíveis namoros de Yolanda, dizendo, ainda, que as duas não deveriam mais sair com tanta frequência e, principalmente, não ficar tanto tempo fora. Essa foi a primeira medida de Alba para tentar "controlar" as duas moças.

CAPÍTULO IX
O INÍCIO DA SEGUNDA GUERRA MUNDIAL

O ano era 1939, o major Gellio e sua família já estavam morando na Alemanha havia mais de um ano e meio. As nações de toda a Europa e do mundo estavam atentas para um inevitável conflito de proporções inimagináveis, quando o expansionismo germânico e o crescimento do nazismo detonariam a maior guerra jamais vista na História da Humanidade.

A Alemanha já havia invadido e anexado, sem que houvesse nenhuma resistência, toda a Áustria, além de vários territórios pertencentes a outros países. Mesmo assim, os governos de muitos países europeus e de outros continentes não enxergavam ou não queriam ver o perigo potencial nas atitudes mais recentes do governo de Hitler.

As potências européias fechavam seus olhos ou, até mesmo, cooperavam com Hitler, na esperança de que o os territórios anexados fossem suficientes para a Alemanha. Assinaram, em conjunto com Hitler, o Primeiro Ministro da Inglaterra e o Presidente da França, entre outros, um acordo que dava à Alemanha uma parte enorme do território Iugoslavo, país que ficou sozinho, isolado, com seu território reduzido e à mercê de uma possível invasão pelas tropas do *Reich*. Mas nada disso parecia satisfazer a sede de conquistas de Adolf Hitler.

A Polônia, país que faz fronteira com a Alemanha e que temia ser a próxima vítima de Hitler, pediu auxílio para a França e a Inglaterra, e a garantia de que seria protegida, no caso de um eventual ataque alemão. Dessa forma, o governo francês e o inglês assinaram um pacto com a Polônia de que combateriam qualquer nação que invadisse o território polonês.

Em meados do ano de 1939, o relacionamento do major Gellio com os militares alemães ainda era satisfatório e produtivo. Os oficiais com quem ele se relacionava tinham certeza de que o Brasil seria um bom aliado para a Alemanha. Parecia óbvio que um ditador sul-americano não iria lutar ao lado de forças democráticas e contra governos semelhantes ao seu.

Esse pensamento, no entanto, não agradava ao major Gellio que, depois de tanto tempo na Alemanha, já tinha opinião formada sobre Hitler, a política expansionista alemã e os métodos de terror, utilizados pelos nazistas para controlar as massas. Todas as vezes que Gellio ouvia uma comparação do governo de Hitler com o de Getúlio, tentava, diplomaticamente, mudar de assunto, pois não seria muito inteligente entrar nesse tipo de discussão com nazistas convictos!

As operações de compra de material bélico alemão por parte do governo brasileiro era uma operação aparentemente vantajosa para o governo alemão e claramente lucrativo para as indústrias bélicas daquele país, em especial, para a Krupp, que havia "abocanhado" a maior parte da verba brasileira. Eles vendiam armas e levantavam fundos para a produção de mais armas que seriam usadas por eles na guerra e ainda armavam um possível aliado com o que eles possuíam de mais moderno.

Em 1º de setembro de 1939, sem levar em consideração as outras grandes potências mundiais e os avisos dados pela Grã-

-Bretanha e pela França, Hitler ordenou o ataque e as forças militares alemãs invadiram a Polônia, dando início à Segunda Guerra Mundial.

As forças militares da Polônia não eram páreo para as alemãs; entretanto, reagiram bravamente e contiveram o avanço alemão, até a capital Varsóvia, o quanto puderam. O "golpe de misericórdia" foi o ataque da União Soviética, que havia feito um pacto com o governo alemão para auxiliá-lo, caso Hitler decidisse invadir a Polônia. Em cerca de um mês, a Polônia caiu totalmente aos pés de seus invasores. Depois de derrotada, teve seu território dividido entre a Alemanha e a União Soviética.

Logo após a invasão da Polônia pela Alemanha, os governos da Inglaterra e da França enviaram ao governo de Hitler um ultimato: se as forças armadas da Alemanha não se retirassem imediatamente, seria decretado o estado de guerra.

Imediatamente após o término do prazo do ultimato, dois dias depois, o Reino Unido e a França se declararam oficialmente em guerra contra a Alemanha, honrando o compromisso firmado com a Polônia. Nesse momento a guerra na Europa começou oficialmente e, junto com ela, o período mais negro da História do Século XX.

Outros países, membros da comunidade britânica, também declararam guerra à Alemanha, conjuntamente ao Reino Unido e à França. Entre eles estavam, o Canadá, Nova Zelândia e Austrália.

Apesar de o estado de guerra já estar em vigor entre os países do Eixo e os Aliados, o período logo após a invasão da Polônia até maio do ano seguinte foi mais uma "guerra fria", do que uma de fato. Esse período é conhecido como período de "guerra de mentira" ou "guerra falsa".

Até a batalha da França, que culminou com a rendição desse país, em 22 de junho de 1940, pouco se combateu na Europa. A não ser por alguns combates nas regiões de fronteira, as sangrentas batalhas da Segunda Guerra Mundial só começaram, de fato, no mês de maio de 1940.

Quando a guerra começou, o Brasil, sob o governo de Getúlio Vargas, ainda não havia tomado uma decisão final sobre qual lado deveria apoiar nesse conflito. Não somos um país europeu, nossas fronteiras e soberania não estavam sendo atacadas e o nazismo era um tema polêmico, pois ainda não se sabia das atrocidades que já vinham sendo cometidas pelos alemães.

A notícia sobre a invasão da Polônia pela Alemanha, de maneira geral, foi vista como o início de uma guerra regional ou, no máximo, de uma guerra que envolvia algumas das potências européias. Não se tinha a dimensão de que essa invasão poderia ser o estopim para uma guerra de proporções mundiais.

No Brasil, poucos jornais deram a importância devida ao fato. Dos principais jornais do Brasil, somente "O Estado de São Paulo" tratou o fato com a visão de quem sabia das proporções futuras do conflito. Mesmo fora do Brasil, nos Estados Unidos e na Europa, a invasão da Polônia, no primeiro momento, foi vista como um ato expansionista isolado, feito pela Alemanha. Muitas primeiras páginas de jornais de renome, em todo o mundo, no dia primeiro de setembro de 1939, mal deram destaque a mais essa "maluquice" de Hitler.

Para completar o quadro, Getúlio era ditador de um governo que, em muito, se assemelhava ao de Benito Mussolini, ditador da Itália, e maior aliado de Hitler para a guerra na Europa. Ainda como fato favorável à participação do Brasil junto aos países do Eixo, havia um número bastante expressivo de italianos e alemães no Brasil. Esses imigrantes vieram da Europa entre o final do Século XIX e o começo do Século XX.

O objetivo desses estrangeiros era começar uma nova vida no Brasil, sendo usados, principalmente, como força de trabalho de baixa remuneração. Essas colônias com imigrantes e seus descendentes se espalharam, principalmente, pelas regiões Sul e Sudeste do País.

Juntamente com os membros da colônia japonesa, que crescia desde os primeiros anos do Século XX (principalmente, nos Estados de São Paulo e Paraná), os italianos e alemães tentaram exercer, da melhor maneira possível, uma pressão política sobre o governo de Getúlio Vargas, para que este tomasse a decisão de apoiar as potências do Eixo.

Já para a maioria do povo brasileiro, o caminho que Getúlio deveria tomar era o da aliança militar com os Estados Unidos e, posteriormente, a participação na guerra, ao lado dos Aliados.

Em Essen, a notícia da guerra se espalhou rapidamente. O sentimento dos alemães, de um modo geral, era de entusiasmo e orgulho. Era um comportamento inacreditável, do ponto de vista de toda a família de Gellio.

Como alguém poderia estar com algum sentimento positivo, sabendo que o seu país acabara de iniciar uma guerra e que, a partir daí, a segurança de todos estaria ameaçada? Era possível ver grupos de rapazes da *Hitler-Jugend* comemorando a notícia da guerra na Polônia...

Era uma sexta-feira, que parecia com outra qualquer naquela cidade alemã e na vida da família de Gellio. Lourdes e Izza estavam no colégio e Gellio em uma das instalações das indústrias Krupp, enquanto Alba, Yolanda e Inésia estavam em casa, sem de nada desconfiar.

Lourdes e Izza ficaram muito assustadas quando receberam a notícia. Já começaram a imaginar como seria se Essen fosse bombardeada. Como agir diante de uma cena de destruição? Deve ter sido, realmente, uma situação apavorante para as meninas. Já as mais novas, Albinha e Laís, por não terem noção dos perigos que envolvem uma guerra, não se preocuparam.

Gellio foi informado do ataque alemão à Polônia, durante uma reunião com engenheiros da Krupp. Imediatamente, começou a pensar na segurança de sua família. Sabendo do acordo entre o governo polonês e os do Reino Unido e França, deduziu que a Alemanha poderia ser atacada a qualquer momento, como represália à invasão da Polônia.

A primeira reação foi a de querer voltar imediatamente para casa e ver Alba e as meninas. Todos na sala demonstraram, de início, preocupação, mas, por se tratar de uma indústria bélica, é claro, o início de uma guerra seria mais uma oportunidade para o aumento da produção e das vendas.

No final da reunião, Gellio retornou para casa, querendo falar com Alba. Quando chegou a casa, Alba demonstrava, pelo semblante preocupado, que já havia recebido a terrível notícia. Depois de uma rápida conversa com sua esposa, Gellio chamou a cunhada, Yolanda, e Inésia, para falar sobre o período de crise que estava por vir.

Disse às mulheres que, pelo que havia sido informado, as defesas alemãs seriam bastante eficientes frente aos ataques que, certamente, receberiam da Inglaterra e da França. Disse, também, que se julgasse necessário, pela segurança de todos, colocaria toda a família no primeiro navio que conseguisse, de volta ao Brasil.

Apesar do que disseram a elas, Gellio e Alba estavam cada vez mais preocupados com sua segurança, em especial com a de suas filhas, pois estava tornando-se comum ver "confusões" nas ruas, como a perseguição a judeus ou a qualquer um que pudesse ser considerado inimigo da Alemanha e do nazismo.

O que também estava preocupando Gellio era o fato de o Brasil manter um bom relacionamento com os Estados Unidos que, apesar de não estarem participando da guerra, estavam apoiando a decisão inglesa de se lançar contra a Alemanha e cobravam um posicionamento do governo brasileiro.

O simples estreitamento das relações entre o Rio de Janeiro (não se esqueçam de que era a capital do Brasil) e Washington poderia causar um grande desconforto nas relações entre os integrantes da missão brasileira e os militares alemães. Nas ruas, se essa notícia fosse de conhecimento público, poderia causar sérios problemas e colocar em risco a segurança de toda a família do major brasileiro.

Depois do início oficial da guerra, a pressão por uma aliança militar com o Brasil começou. O governo nazista de Hitler começou a suspeitar que o Brasil talvez não o apoiasse e que as vendas de armamento poderiam não ser assim tão interessantes para o Reich. Nesse contexto, a situação do major Gellio ficava cada vez mais delicada, na medida em que ele já conhecia muito dos métodos de fabricação e testes de armamentos alemães, e detinha muitas outras informações que, mesmo não sendo secretas, seriam valiosas para o inimigo.

Apesar de não ter tido acesso a nenhum tipo de informação "ultrassecreta" das Forças Armadas alemãs, Gellio acabou tomando conhecimento de muitos detalhes da estrutura de produção de armas para os militares alemães. Essas informações, sem dúvida, seriam úteis aos aliados, algum tempo depois, quando a guerra, de fato, começou.

Poucos dias depois do início da guerra, Gellio teve um encontro com Alfried Krupp. Conversaram longamente sobre o conflito que se iniciava e sobre o futuro da fabricação e dos testes dos canhões comprados pelo Brasil. Sobre a guerra, Krupp foi direto e, segundo Gellio, parecia sincero no que afirmou.

Alfried disse acreditar que o conflito na Europa não duraria mais do que poucos meses e que, como empresário do setor bélico, deveria encarar a guerra como uma oportunidade para expandir ainda mais os negócios de suas indústrias. Continuava acreditando que o Brasil faria parte dos países do Eixo e que o comércio bilateral se expandiria. Como empresário experiente que era, via no Brasil uma porta de entrada para investimentos no Continente Americano.

Já sobre os canhões que estavam sendo fabricados e testados, para serem entregues ao Brasil, foi mais reticente. Disse que o cronograma de produção poderia sofrer alterações, ou seja, atrasos. Isso aconteceria, especialmente, se a guerra viesse a durar mais do que ele e o comando militar alemão pensavam.

Entretanto, mesmo com um conflito de curta duração, certamente, haveria alguns contratempos na produção dos canhões para o Brasil. Entretanto, garantiu a Gellio que suas indústrias não deixariam, em hipótese alguma, de honrar o compromisso de produzir todas as peças encomendadas pelo Ministério da Guerra do Brasil.

Nesse encontro não foi dito, mas era óbvia a possibilidade de ser suspenso ou cancelado o contrato de fabricação, fosse por necessidades mais urgentes de produção de armamento para o governo alemão ou por motivos políticos, como uma improvável, mas possível, decisão do governo brasileiro de se posicionar contra Hitler.

Uma semana após o início da guerra, o major Gellio recebeu, através do chefe da missão militar brasileira, seu amigo coronel Lacerda, a promoção pela qual tanto havia aguardado.

A partir de nove de setembro de 1939, Gellio de Araújo Lima recebeu a patente de tenente-coronel. Essa notícia foi a única coisa boa naqueles dias tão conturbados. Entretanto, apesar de uma guerra de grandes proporções estar se iniciando, e os ânimos estarem bastante acirrados nas ruas de Essen, Gellio pôde comemorar muito pouco.

Mesmo com o início das hostilidades entre os Aliados e o Eixo, a rotina de trabalho do coronel Gellio ainda não havia sido alterada.

A guerra mal havia chegado às fronteiras alemãs, e o dia a dia só ficou diferente devido aos treinamentos de proteção contra ataques aéreos, ao qual o povo alemão era submetido várias vezes por semana.

Com o passar do tempo, as simulações de ataques aéreos se intensificavam. Sirenes tocavam a qualquer hora do dia ou da noite, indicando um possível ataque inimigo.

No prédio em que morava a família Araújo Lima, havia um abrigo antiaéreo, improvisado no porão. Quando as sirenes soavam (era um barulho ensurdecedor, que ecoava por toda a cidade), todos deveriam correr para o abrigo mais próximo. No caso da família de Gellio, para o porão do prédio.

Sempre que estavam em casa, todos da família utilizavam o abrigo no porão do prédio. Seguindo as instruções do governo, ninguém podia levar nada para o abrigo e deveriam ir vestidos com a roupa que estivessem (se fosse durante a noite, saíssem de pijamas com, no máximo, um casaco!).

As meninas sempre se assustavam muito. Albinha e Laís, as mais novas, choravam sempre que ouviam as sirenes e eram "confortadas" pelos pais e pelas irmãs mais velhas, enquanto desciam para o abrigo e até saírem de lá. Era sempre uma experiência angustiante, pois não era possível saber se aquelas sirenes soando representavam mais um exercício ou se seria o primeiro bombardeio a Essen.

Nas ruas, quem não fosse imediatamente para os abrigos, poderia ser repreendido por soldados (que também eram obrigados a se proteger), ou até mesmo preso, por desrespeitar a ordem de se abrigar.

O coronel Gellio continuava com o seu trabalho de avaliar bombas e canhões nos campos de provas do Exército alemão e da Krupp. A essa altura dos acontecimentos, com a necessidade de colocar armas em combate, os alemães priorizavam a utilização dos armamentos já prontos, mesmo que fosse material fabricado especificamente para o Brasil. Contudo, isto não era revelado claramente ao recém promovido coronel brasileiro, que começava a ter, cada vez mais, certeza de que algo estava errado...

Baterias antiaéreas que eram testadas para o Brasil, muitas vezes eram requisitadas pelo Exército alemão, sem maiores explicações aos militares brasileiros. O envio do material já testado estava sendo adiado constantemente, sob a alegação de falta de segurança para o transporte.

Logo que pôde, Gellio tentou comunicar ao Ministério da Guerra no Brasil o que estava acontecendo, mas certamente esbarrou na censura da sua correspondência. Ele já havia percebido que toda correspondência mandada para o Brasil era vistoriada e que, se o conteúdo fosse considerado perigoso aos interesses alemães, esta seria adulterada nos trechos considerados inapropriados pelos alemães ou, ainda, "extraviada" pelo correio.

A censura era tão ostensiva que, a partir do início da guerra, todas as cartas que Gellio recebia do Brasil, ou mesmo de outros membros da missão militar, na Alemanha ou em outro país, apresentavam parte do conteúdo claramente riscado.

Frases inteiras que, por algum motivo, os militares alemães considerassem potencialmente contrárias aos seus interesses eram simplesmente riscadas ou apagadas da correspondência

A situação na Europa estava piorando com a chegada do fim de 1939. Para muitos oficiais alemães com quem o coronel Gellio trabalhava, ele passara a ser um espião em potencial. Por essa razão, seus passos estavam sendo muito bem vigiados.

Os alemães suspeitavam que o oficial brasileiro pudesse estar trabalhando para obter informações secretas sobre armas e operações de guerra e enviá-las aos aliados. Talvez, para muitos militares alemães, o Brasil estivesse mais próximo de uma união com os aliados do que com o Eixo.

Tudo ficou mais difícil para a família do, já promovido, coronel Gellio, depois do começo da guerra. No dia a dia, a principal mudança foi o início do racionamento de alimentos. Todas as pessoas e famílias recebiam um cartão de racionamento, com cupons, que davam direito a determinada cota de cada alimento.

No caso da família de Gellio e Alba, por tratar-se de pessoas com certas prerrogativas diplomáticas, o governo alemão fornecia cartões de racionamento à vontade, o que os tornava privilegiados em um momento tão crítico.

Nada era certo, e a incerteza causava uma grande ansiedade ao militar brasileiro e a sua esposa. Sua cunhada, filhas e a babá não tinham muita noção dos perigos que poderiam enfrentar.

Pensavam ser apenas observadoras de uma situação de guerra em um país estrangeiro. Acreditavam que poderiam sair da Alemanha facilmente, caso o conflito piorasse, mas isso não seria tão fácil assim. Entretanto, todas continuavam se assustando muito, sempre que as sirenes soavam, anunciando um possível ataque aéreo na cidade.

A vida das crianças maiores continuava a mesma: ir ao colégio e passear com as amigas. No colégio, as coisas já haviam mudado: não havia mais nenhuma aluna alemã (só as do grupo de brasileiras), e ele já estava sendo parcialmente utilizado como base militar pelos alemães.

As meninas foram se acostumando com os, cada vez mais frequentes, exercícios de simulação de bombardeios. As sirenes soavam a qualquer hora e, quando isso acontecia, todas as alunas do colégio eram levadas para abrigos antiaéreos construídos na própria escola. Em alguns casos, dependendo do local onde estivessem, não haveria tempo para correr até os abrigos e as crianças deveriam apenas deitar-se sob suas mesas escolares e aguardar o fim das sirenes.

Muitas das meninas se assustavam com esses treinamentos, pois nunca se sabia se eram somente um treinamento ou se seria um ataque real. Por se tratar de crianças, a maioria via os treinamentos apenas como uma boa desculpa para sair da sala de aula e estudar um pouco menos naquele dia...

Os exercícios eram feitos simultaneamente em toda a cidade, como se fosse um ataque real. As pessoas realmente nunca sabiam se era real ou apenas um treinamento.

Logo que começou a guerra, todos em Essen, e no resto da Alemanha, foram instruídos a colocar papel preto, cobrindo toda a área das janelas das casas. Velas ficavam sempre a postos, quando uma simulação de ataque ou, caso fosse real, um bombardeio estivesse sendo feito sobre a cidade.

Quando soube da necessidade e da obrigatoriedade de cobrir as janelas, Alba tratou logo de comprar o papel escuro e, com a ajuda de Albinha, Izza e Lourdes, cobriram todas as vidraças. Como o apartamento era grande, foi uma tarefa demorada, mas, especialmente para Albinha, era mais uma brincadeira de ajudar a mamãe.

Todos os dias ouviam-se noticias do *front* e das contínuas vitórias alemãs. Quando iam ao cinema, antes do início do filme principal, vários filmes curtos de propaganda nazista eram exibidos. Era "chato" ter de "esperar tanto para o filme começar", reclamavam as meninas.

Esses filmes só mostravam vitórias alemãs, o que contrastava com a realidade que toda a família de Gellio presenciava com frequência: a chegada de batalhões inteiros de soldados feridos e mutilados, voltando da guerra e passando pelas ruas.

Era triste e assustador. Lourdes sempre se perguntava: Se aqueles jovens "esfarrapados" e feridos eram os que haviam conseguido voltar, quantos outros não haviam morrido em combate?...

O mais estranho era saber que, teoricamente, após a invasão da Polônia, poucos combates teriam acontecido. As notícias chegavam sempre deturpadas, e era praticamente impossível acreditar no que se lia nos jornais ou o que se ouvia nas rádios alemãs.

Com o passar do tempo, e o clima de guerra se tornando mais intenso na Europa, os ânimos dos alemães se acirravam visivelmente. Incitados pela propaganda nazista, todos os cidadãos eram incentivados a delatar prováveis traidores.

Era possível perceber claramente a xenofobia pairando no ar. Para o alemão médio, que se considerava parte da "raça ariana", tudo que não fosse alemão era, por princípio, inferior. Esse ponto de vista se proliferava rapidamente, na velocidade da propaganda nazista e dos pronunciamentos inflamados de Hitler.

Os jovens de até 16 anos se juntavam, cada vez mais, à *Hitler-Jugend*. Esses garotos se orgulhavam de andar uniformizados e ficavam procurando como ajudar o regime nazista, de qualquer forma.

Esse contexto criava situações inimagináveis, como filhos delatando os próprios pais, irmãos, parentes e amigos, se suspeitassem que fossem contrários ao governo alemão. Qualquer um que viesse a criticar Hitler, o partido nazista ou mesmo fizesse algum comentário favorável aos judeus, seria visto como um traidor e deveria ser delatado o mais rápido possível, não importando quem fosse.

O mais impressionante é que esses jovens acabavam considerando mais importante e honroso servir ao governo nazista do que respeitar e ter lealdade aos próprios pais. Houve uma grande deturpação de valores morais e éticos no coração da sociedade alemã, tudo causado pelo "veneno" usado na propaganda nazista.

Isso se deu, principalmente, pelo efeito da propaganda, meticulosamente arquitetada por Gebbels, Ministro da Propaganda do *Reich*. Com a propaganda, muito bem feita, e uma estratégia de marketing político bem definida, Gebbels, de certa forma, transformou Hitler e o nazismo nos dois pilares mais amados e respeitados da sociedade alemã.

Gebbels, o cérebro "maquiavélico" por trás da propaganda nazista, ficou famoso, entre outros motivos, pela frase "uma mentira contada mil vezes, torna-se verdade". Esse pensamento mostra claramente qual era a estratégia de Hitler para manter a população alemã ao seu lado.

Preocupado com o que suas filhas ouviam na escola e, principalmente nas ruas e nas propagandas nazistas, Gellio, sempre que podia, as reunia para explicar o seu ponto de vista sobre Hitler e o nazismo. Deixava claro, também, que não deveriam comentar nada disso com ninguém, pois, se as suas opiniões caíssem nos ouvidos de militares, ou mesmo nos dos garotos da "Juventude de Hitler", toda a família poderia sofrer algum tipo de represália.

O que o coronel ressaltava para suas filhas era para não acreditarem cegamente no que diziam as propagandas nazistas e o senso comum da maioria dos alemães. Judeus não eram "pragas" e os alemães não faziam parte de nenhuma "raça superior". Isso era o que Hitler queria que a população pensasse, pois, dessa maneira, ficaria mais fácil manipular a opinião e o apoio do povo alemão.

Um argumento bastante convincente para as meninas era lembrar o que o nazismo e o próprio Hitler haviam feito com a escola em que estudavam: as alunas alemãs deixaram o colégio que também foi invadido e usado como quartel militar.

Depois que a guerra começou, um processo sem volta acabou alterando definitivamente os rumos da missão militar brasileira. O que Gellio e todos os outros militares brasileiros não sabiam era que a guerra que se iniciava iria colocar um fim definitivo ao acordo de compra, por parte do governo brasileiro, de armamentos fabricados na Alemanha.

CAPÍTULO X
A PERSEGUIÇÃO AOS JUDEUS E O FANATISMO NAZISTA

A Segunda Guerra Mundial mal havia começado. Era o segundo semestre de 1939 e o coronel Gellio e sua família já estavam na Alemanha havia quase dois anos.

Várias vezes, a cada mês, a família Araújo Lima podia presenciar a chegada de batalhões inteiros de soldados vindos de várias frentes de batalha e a partida de novas tropas do Exército de Hitler. Em cada uma dessas ocasiões, os soldados eram saudados como heróis pelo povo.

Quando partiam, eram jovens imponentes que tinham a certeza de estar partindo para uma cruzada em nome do *Führer* e em nome da supremacia total da Alemanha sobre os outros povos e raças, mas quando retornavam das batalhas, era um grande grupo de feridos e maltrapilhos jovens que regressavam para casa, cansados e desiludidos com a crueldade da guerra.

O que dava força para continuarem era um amor incondicional à sua pátria e aos valores disseminados pela inovadora propaganda nazista, famosa até hoje por promover uma verdadeira "lavagem cerebral" no povo, principalmente nos jovens.

Essa facilidade com que os jovens eram engajados no movimento nazista e com que assimilavam os ideais de Hitler produziu uma geração de adolescentes e jovens que eram mais fiéis ao *Führer* do que aos próprios pais ou qualquer princípio religioso.

Os adolescentes, como já foi mencionado anteriormente, ingressavam no nazismo através do movimento *Hitler-Jugend* (Juventude de Hitler), onde aprendiam tudo que era interessante ao governo de Hitler. Eram doutrinados para acreditar que o nazismo era a salvação do seu país, eram convencidos da superioridade da raça ariana, da qual faziam parte, sobre todas as outras etnias e nacionalidades do mundo.

Esses jovens eram especialmente "ensinados" (ou condicionados...) a acreditar que "o povo judeu era a escória do mundo e que deveria ser humilhado e destruído, o quanto antes, para o bem da Alemanha e da humanidade". É impressionante como uma histeria coletiva como aquela conseguiu produzir tantos horrores no período da Segunda Guerra Mundial e, infelizmente, traz sequelas para a sociedade até os dias de hoje.

Graças à grande "eficiência" da propaganda nazista, a sociedade alemã, de maneira geral, acabou por absorver os conceitos deturpados sobre os judeus e sobre a suposta superioridade do povo alemão em relação aos outros povos. Isso gerou, nos cinco anos de guerra na Europa, um total de morte de mais de seis milhões de judeus. Muitos alemães, mesmo depois do final da guerra, ainda tinham problemas em aceitar que o povo judeu não era inferior e que o povo alemão ou a raça ariana não era superior em todos os aspectos, se comparados a qualquer outra etnia...

No colégio, Lourdes e Izza costumavam ouvir casos de membros da "Juventude de Hitler" que delatavam seus pais, amigos ou parentes, quando ouviam algum comentário antinazista. Aqueles jovens preferiam ver seus parentes e amigos presos ou mortos, a vê-los tentando denegrir a imagem do nazismo ou de Hitler. Os *Hitler-Jugend* eram chamados, também, de "Filhos de Hitler".

Uma das funções que esses jovens exerciam e consideravam como vital, era procurar e delatar judeus. Naquela ocasião, o governo nazista, apesar de negar veementemente, já estava traçando todo o plano de extermínio em massa dos judeus.

Desde a ascensão de Hitler ao poder, no início da década de 30, os judeus foram sendo "cercados", passo a passo, pelo regime nazista. Foram, aos poucos, sendo impedidos de fazer negócios, "marcados" com a obrigatoriedade de utilizar, visivelmente nas roupas, uma estrela de Davi, tiveram seus bens confiscados e foram impedidos até mesmo de comprar alimentos. Isso, no entanto, era só o começo do terror que viria com o massacre nos campos de concentração e as mortes nas fábricas nazistas.

Até meados da década de 30, boa parte dos judeus mais ricos da Alemanha já havia tomado a decisão deixá-la e se mudado para outros países. Entre os destinos possíveis, o mais procurado era, certamente, os Estados Unidos, um país que tinha como imagem, na época, a de acolher e dar oportunidades para todos que para lá fossem se estabelecer. Além dos Estados Unidos, muitos outros países acolheram os refugiados judeus, entre eles, o Brasil.

O mais comum eram os casos de comerciantes e industriais judeus que vendiam todos os seus bens e negócios, levantando o máximo de dinheiro possível, para recomeçar a vida longe do fanatismo dos nazistas. Entretanto, nem sempre isso era possível e, mesmo quem conseguia abandonar a Alemanha, acabava deixando para trás muitos familiares que, ou não tinham como ir, ou simplesmente não acreditavam que o governo fizesse qualquer tipo de perseguição em massa, motivada pela simples perseguição aos judeus. Qualquer pessoa de bom senso poderia acreditar nisso, mas, quem soubesse quem era Adolf Hitler, também saberia que os judeus iriam ter de se esforçar muito para sobreviver naquele país...

A família de Gellio presenciou, em várias ocasiões, a perseguição e prisões de judeus. Naquela época, ainda não ocorriam as execuções nas ruas, com tiros na cabeça, que se tornaram comuns, algum tempo depois.

Era muito triste e ultrajante ver o que se fazia com os judeus, desde a simples ridicularização pública, até os "sumiços" de famílias inteiras. Sabiam que não poderiam intervir, pois os riscos à segurança da família seriam grandes.

Lourdes e Izza haviam conhecido, logo que chegaram a Essen, Helga e seu irmão Michael, respectivamente com 10 e 9 anos de idade. Eram vizinhos, da família de Gellio, também morando na mesma rua, e costumavam conversar, eventualmente, com as duas meninas brasileiras, na praça em frente à sua casa, no horário em que voltavam da escola. O casal de irmãos era de uma família judia e, muitas vezes, Helga comentava com suas amigas brasileiras que seus pais estavam preocupados com a crescente perseguição aos judeus na Alemanha. As duas crianças já estavam tão assustadas que perguntaram se Lourdes e Izza seriam amigas deles, mesmo sabendo que eram judeus. As brasileirinhas até se espantaram com a pergunta, pois não conseguiam entender o porquê da dúvida...

Tiveram pouco contato, pois os horários de Helga e Michael eram um pouco diferentes dos horários do colégio de Lourdes, Izza e Albinha. Dessa forma, acabavam se encontrando pouco mais do que uma vez a cada duas semanas e, assim mesmo, por pouco tempo.

Alguns dias antes do início da guerra, ou seja, no final de agosto de 1939, Izza e Lourdes resolveram passar na frente da casa de Helga e Michael, pois não os viam desde antes do final das aulas (em junho). Como o casal de irmãos havia dado o endereço para as irmãs brasileiras, as duas resolveram passar por lá, apenas algumas quadras adiante, na mesma rua. Quando chegaram ao endereço que tinham, encontraram apenas uma casa abandonada, com sinais de vandalismo ocorrido havia bastante tempo e toda pichada, com frases feitas contra judeus e estrelas de Davi.

Lourdes e Izza, que estavam acompanhadas por Albinha, ficaram assustadas e voltaram logo para casa. Nunca mais tiveram notícias de Helga e Michael... As meninas não conseguiam acreditar que aquelas crianças, com quem costumavam conversar, e sua família, poderiam ter sofrido algum tipo de violência por serem judias. Parecia loucura e impossível! O que elas não sabiam é que ainda iriam presenciar situações como essa mais de perto!

Praça em frente ao prédio da família de Gellio, durante uma manifestação nazista, em meados de 1939. Foto tirada por Alba, da varanda do apartamento.

Por mais que Gellio e toda a família estivessem estarrecidos com aquela absurda perseguição aos judeus, sabiam que não poderiam e não deveriam tentar ajudar, ou mesmo ficar aparecendo em público em companhia de judeus, pois isso poderia acarretar riscos para toda a família, pois, para os alemães, quem fosse amigo de judeus seria considerado, também, inimigo do povo alemão.

Apesar dos riscos, era impossível ficar assistindo àquelas atrocidades sem nada fazer. Alba havia feito amizade com uma senhora judia, *Frau* Frida, que morava na mesma rua, do outro lado, em uma bonita casa. Era uma família pequena: pai, mãe e filha. A filha, Anne, que tinha a mesma idade de Lourdes, acabou dando-se muito bem com ela. Entretanto, pela situação do momento, Gellio e Alba preferiam encontrar-se com seus amigos judeus apenas em casa, a serem vistos publicamente com eles.

Frida se lamentava com Alba, pois seu marido, Sammuel, não optou por sair da Alemanha quando isso ainda era possível. Agora eles estavam em uma situação, aparentemente, sem saída, pois os judeus estavam sendo cada vez mais perseguidos. Muitos de seus amigos estavam simplesmente "desaparecendo", sem explicação e sob a forte suspeita de que os *Hitler-Jugend* ou mesmo soldados do Exército ou da Gestapo estivessem por trás dos desaparecimentos. No começo, o governo alemão negava, mas, com o passar do tempo, tornou-se impossível mentir sobre as atrocidades cometidas contra os judeus.

Nessa época, já se havia instalado o sistema de racionamento de alimentos na Alemanha. Todas as famílias recebiam talões com "vales" para os diversos tipos de alimentos. Por exemplo, nos cartões de racionamento, havia dois cupons, destacáveis, para um quilo de açúcar cada um. Isso significava que aquela família só poderia comprar dois quilos de açúcar por mês.

Por fazer parte de uma equipe diplomática, Gellio recebia cartões de racionamento à vontade, permitindo que Alba comprasse a quantidade de alimentos que quisesse. Já as famílias de judeus, naquela ocasião, não recebiam nenhum cartão de racionamento, impossibilitando a compra de qualquer alimento. Todos os itens alimentícios eram fornecidos somente mediante a apresentação de um cupom válido de um cartão de racionamento.

Para resolver ou, pelo menos, amenizar o problema dos amigos, Alba comprava comida para a família de judeus e a guardava em casa. Frida, a mãe judia, ia até a casa de Alba e Gellio, pegava os alimentos, em pouca quantidade, os escondia sob o sobretudo e atravessava a rua, sem chamar a atenção, levando a comida para casa.

Fazia várias vezes o trajeto, até levar tudo de que precisava. Essa era a única forma que Alba e Gellio encontraram para ajudar aquela família, que estava começando a passar fome, com o fim dos alimentos que havia na despensa.

Depois de alguns dias, Frida apareceu na casa de Alba e Gellio, contando que seu marido havia sido levado para interrogatório e que não retornara. Estava desesperada! Sua filha, Anne, que havia se tornado amiga de Lourdes, chorava compulsivamente.

Frida não acreditava que veria seu marido novamente e temia que levassem a ela e sua filha, para o mesmo fim. Ela não se conformava com o que estava acontecendo, pois tudo aquilo era totalmente sem sentido!

Era uma situação desconcertante e inimaginável para Alba, que, mesmo tendo falado com Gellio sobre a possibilidade de ajudarem mãe e filha, sabia que estavam de mãos atadas... Gellio chegou a falar com o coronel Lacerda e com um major alemão, com quem Gellio tinha um bom relacionamento. Com o alemão, sondou se haveria a possibilidade de encontrar algum judeu que havia sido levado pelas autoridades e devolvê-lo à família.

A reação do major alemão foi de indignação com a pergunta, pois se um judeu já tivesse sido levado pelas autoridades, o melhor é que estivesse morto mesmo, segundo o alemão! Gellio ficou estarrecido com a resposta direta do oficial nazista (em todos os sentidos!).

Ao insistir em tentar outra saída para encontrar o marido de Frida, ouviu de seu amigo, o coronel Lacerda, que deveria esquecer o assunto e não se meter com o que o governo alemão fazia. Lacerda também já havia intercedido por judeus antes e sabia que era uma batalha impossível de se vencer...

Em vista dos fatos, Gellio acabou desistindo de tentar fazer algo pela família de vizinhos judeus. Era uma terrível sensação de impotência, perante tamanho absurdo...

Por pouco mais de uma semana, depois do sumiço do marido de Frida, Alba continuava a ajudá-la com mantimentos e, sempre que possível, Frida e Anne passavam boa parte do dia na casa de Alba e Gellio, pois acreditavam que, dessa maneira, reduziriam as chances de serem molestadas na própria casa.

Entretanto, em uma manhã de sábado, quando tudo estava tranquilo, Gellio, Alba e toda a família acordaram ao som de gritos e barulhos. Ao olharem pela janela, viram que a casa da família de judeus estava toda depredada, os móveis jogados pela rua e, parte deles, incendiada. Roupas e vários objetos que pertenciam à família de Frida, tudo, tudo destruído...

Era o fim da vida de uma família de pessoas decentes, honestas e que nada haviam feito de errado. Frida e Anne, assim como seu pai, também desapareceram sem deixar rastros e, enquanto a família de Gellio assistia perplexa àquela cena, os jovens membros da *Hitler-Jugend* comemoravam mais uma "vitória".

Era sempre impressionante e triste ver como jovens de várias classes sociais da Alemanha haviam se engajado no movimento *Hitler-Jugend* e passaram a cometer atrocidades, sem nenhum remorso ou mesmo consciência da desumanidade que praticavam. Parecia um processo sem volta, no qual o coração da sociedade alemã estava sendo corrompido. Os nazistas estavam fazendo um trabalho maquiavelicamente impressionante, especialmente com os jovens.

Depois do incidente, a preocupação de Alba e Gellio era como acobertar, das meninas, o que havia acontecido com Frida e Anne. Lourdes e Izza, não poderiam ser "enganadas", mas Albinha poderia sofrer desnecessariamente. O melhor seria apenas inventar alguma desculpa, para que Albinha não percebesse o que havia acontecido. Lourdes e Izza ajudaram, mesmo estando muito tristes com o sumiço de Anne e sua mãe. Essa, talvez, tenha sido a situação que mais tenha assustado as filhas mais velhas do casal brasileiro, durante todo o tempo em que moraram na Alemanha.

Essa não havia sido a primeira atrocidade, cometida contra judeus, presenciada por Gellio e sua família, mas foi a primeira e única que ocorreu com pessoas conhecidas e próximas. Lourdes, Izza e Albinha já haviam testemunhado cenas horríveis, de judeus sendo colocados à força em caminhões.

Famílias inteiras chorando e implorando para não serem levadas! Albinha, a mais nova das três, ficava especialmente impressionada com as cenas de violência que presenciava. Essas imagens acabaram por se tornar uma forte lembrança, para toda a vida.

Depois do início da guerra, a perseguição contra os judeus se intensificou e os episódios de intolerância, prisões e humilhações públicas tornaram-se parte da rotina da polícia, dos militares e dos *Hitler-Jugend*. Essen, assim como todas as cidades alemãs, foi tomada pelo forte sentimento antissemita, disseminado veementemente pelo criminoso sistema de propaganda nazista.

Assassinatos de judeus, realizados tanto por militares quanto por civis, começaram a se tornar mais comuns, e nunca havia nenhum tipo de punição contra os assassinos.

O Ministério da Propaganda, sob o comando de Gebbels, tratou de fazer uma verdadeira "lavagem cerebral" no povo alemão, que passava a acreditar que boa parte de todos os males vividos pela sociedade, tinha como origem o povo judeu, que estava "infiltrado" na sociedade do país apenas para obter ganhos financeiros e pessoais, sem se importar ou contribuir com os objetivos de Hitler.

Para Gellio e Alba, vindos do Brasil — país que, tradicionalmente, acolhe pessoas oriundas das mais diversas nacionalidades, etnias e religiões —, aquela perseguição aos judeus parecia algo surreal. Era impossível conceber que boa parte do povo alemão estivesse compactuando com os ideais antissemitas do governo.

Muitos dos colegas de Gellio, oficiais do Exército alemão ou funcionários da Krupp, às vezes comentavam que estavam a favor da política exercida por Hitler contra os judeus. Para os brasileiros, restava a silenciosa reprovação, pois, do contrário, as represálias certamente aconteceriam e seriam imprevisíveis.

Era difícil argumentar com pessoas que se acreditavam "donas da verdade", e até mesmo se ofendiam se uma pessoa tentasse defender, ideologicamente, os judeus. Em algumas ocasiões, Gellio, em conversas com alguns engenheiros da Krupp, e, principalmente com militares alemães, procurou mostrar que a perseguição aos judeus não fazia sentido. Nessas situações, ouvia que ele "não tinha conhecimento nem informações suficientes para saber como os judeus se tornaram uma 'praga' para a sociedade alemã e europeias, em geral"...

Por vezes, Gellio era questionado se havia tantos judeus no Brasil quanto na Alemanha. Ao responder que a colônia judaica no Brasil era relativamente pequena, na época, acabava ouvindo comentários nos quais diziam ser uma "sorte" para o Brasil e que essa era a razão pela qual os brasileiros não tinham nenhuma restrição aos judeus.

Foram cerca de seis milhões de judeus mortos pelos nazistas. A perseguição começou alguns anos antes do início da Segunda Guerra Mundial e prosseguiu até a derrota da Alemanha, em 1944. Apesar dos números impressionantes e de uma perseguição monstruosa como a que aconteceu, até os dias de hoje ainda existem pessoas, de diversas nacionalidades e posicionamentos políticos, que defendem a desarrazoada ideia de que o número de mortes de judeus foi infinitamente menor e, alguns, ainda alegam que não houve perseguição nem mortes!...

O coronel Gellio de Araújo Lima e sua família, brasileiros morando na Alemanha nazista, foram testemunhas de diversos episódios de perseguição aos judeus, além das histórias contadas pelos próprios alemães, na época. Tinham total isenção para contar essas histórias e dar testemunho do que viram e ouviram, pois não faziam parte de nenhum dos lados envolvidos. Eram estrangeiros, católicos e não possuíam nenhum tipo de ligação com o regime nazista além, é claro, de conviver com eles na própria Alemanha.

A perseguição e morte de judeus pelos nazistas, durante esse período negro da História da Humanidade, certamente, foi uma das piores facetas daquela guerra. Locais como o campo de concentração de Ausschwitz, o mais famoso e mortal de todos, não devem ser esquecidos nunca. Naquele lugar, mais de um milhão e duzentos mil judeus foram covardemente assassinados e tratados como algo muito diferente de um ser humano.

Após o retorno para o Brasil e com o final da Segunda Guerra, o então coronel Gellio e toda sua família tiveram conhecimento, juntamente com o resto do mundo, do tamanho das atrocidades sofridas pelo povo judeu na Alemanha e nos outros países dominados por Hitler.

Para eles, que moraram tanto tempo na Alemanha e, especialmente, durante parte do período mais macabro daquele país, foi um choque saber que viveram tão próximos de pessoas capazes de monstruosidades como as que foram divulgadas para todo o mundo, após o final da guerra. Provavelmente, para Gellio e sua família, o "susto" tenha sido maior do que para os brasileiros que acompanharam o conflito a distância.

Todos os membros da família, inevitavelmente, passaram a pensar no destino que os judeus que conheceram na Alemanha poderiam ter tido. As famílias de seus vizinhos que desapareceram e tantos outros conhecidos, homens, mulheres e crianças, provavelmente, devem ter sucumbido em um dos muitos campos de concentração de Hitler.

Apesar de os judeus terem sido as principais vítimas da perseguição dos nazistas, que se acreditavam racialmente superiores, outros segmentos da população alemã e dos países subjugados por Hitler também foram perseguidos e mortos, com maior ou menor intensidade, durante o período da guerra: católicos, muçulmanos, africanos e ciganos, mais encontrados no leste europeu.

No caso específico dos ciganos, o genocídio talvez tenha sido, proporcionalmente, tão brutal quanto o que ocorreu com os judeus. A diferença principal é que a população de ciganos na Europa era menor e, tradicionalmente, muito dispersa. Isso dificultava aos nazistas a captura e, consequentemente, o extermínio.

Com os católicos e cristãos, em geral, a perseguição foi, de certa forma, mais "branda". Isso ocorria porque o objetivo dos nazistas não era exterminar os cristãos, a não ser em casos específicos.

O intuito era o de coibir a prática religiosa. Dessa forma, padres e freiras foram bastante perseguidos, igrejas destruídas etc. Foi feito de tudo para que a população cristã, por medo, acabasse por não frequentar as igrejas e, aos poucos, deixasse de praticar a religião.

Colégios católicos e cristãos protestantes foram fechados e, muitas vezes, destruídos, para que não houvesse recuperação possível. Muitos desses ataques eram executados pelos garotos da "Juventude de Hitler". Para eles, era uma honra servir ao país, exterminando tudo que havia de "ruim" na sociedade alemã.

No início dos anos 30, o ministro e, talvez, a mais importante figura do círculo nazista de Hitler, o comandante da *Luftwaffe*, Hermann Goering, baniu totalmente da Alemanha os jornais católicos e todos os meios que a Igreja pudesse utilizar para mobilizar seus seguidores. Na mesma época, começou uma perseguição política implacável aos comunistas que, na maioria das vezes, eram mortos assim que capturados, sem qualquer direito a defesa.

No próprio colégio, no qual Lourdes, Izza e Albinha estudaram, o "Beata Marie Virgines", após a saída de todas as alunas não se teve mais notícias das freiras que, infelizmente, devem ter sofrido represálias dos militares alemães ou, até mesmo, ter sido assassinadas.

Hitler e a cúpula do partido nazista tentaram banir as religiões tradicionais da sociedade alemã, por estarem tentando implantar uma nova religião, que deveria ser a religião oficial do povo ariano e de toda a Alemanha.

Essa nova religião, também conhecida como "religião nazista", era baseada em aspectos ocultistas de várias culturas do mundo. A "hierarquia" dos deuses, ou personagens dessa religião, haviam sido "emprestados" pela mitologia nórdica, dos países escandinavos e, também, da Roma antiga.

É muito provável que Hitler e a cúpula nazista fossem, na verdade, satanistas, segundo muitas teorias existentes. Entretanto, o fato primordial no aspecto religioso do Terceiro *Reich* foi a criação de uma nova religião, baseada em conceitos ocultistas oriundos da Índia, China e outros países do oriente.

Muito da perseguição racial e religiosa feita pelos nazistas foi "justificada" para a sociedade através da religião nazista. A importância dessa nova religião já começava a ser incutida nos jovens do movimento *Hitler-Jugend*.

Esses garotos começavam a aprender, desde cedo, que pessoas que não fizessem parte da raça ariana (nórdica) ou não seguissem a religião nazista seriam, indiscutivelmente, seres humanos de "segunda classe". No caso de judeus e ciganos, principalmente, seriam pessoas que nem ao menos mereciam viver...

Para o coronel Gellio, durante a estada na Alemanha já foi possível sentir muitos desses elementos racistas no povo e na cúpula alemã, em várias situações. Muitas vezes, percebia claramente que os alemães consideravam o Brasil como um país cujo povo era composto, basicamente, por uma sub-raça ou algo parecido. Pelo fato de ele e sua família aparentarem o que os alemães consideravam raça ariana, não sofreram nenhum tipo de discriminação; pelo contrário, sempre foram muito bem tratados e respeitados.

Entretanto, alguns poucos membros da comissão militar brasileira, que tinham pele mais escura ou, simplesmente, não condiziam com o ideal ariano nazista, eram visivelmente discriminados e deixados de lado em situações sociais ou mesmo profissionais. Por se tratar de membros da missão militar de um país que estava comprando produtos alemães, tanto os militares quanto o pessoal das fábricas os tratavam relativamente bem, mas, sempre, com grande distanciamento.

Para os nazistas, quanto menos uma pessoa aparentasse o ideal da raça ariana, menos capaz, inteligente e digna essa pessoa seria. Sob o ponto de vista de Gellio, era uma hipocrisia, e sem sentido, julgar a capacidade ou até mesmo o caráter da pessoa pelas suas características raciais.

Houve muitas situações embaraçosas, principalmente quando envolvia algum alemão que havia bebido um pouco a mais e acabava falando o que não devia. Isso acontecia em alguns encontros mais informais entre os membros da missão militar brasileira, engenheiros da Krupp e oficiais do comando de fabricação bélica do Exército alemão.

No início dos trabalhos da missão militar brasileira, em 1938, muitas vezes, Gellio promovia esses encontros na sua casa, mas, depois de muitas bebedeiras e situações embaraçosas, acabou por optar a não mais fazer esse tipo de reunião em casa. Os encontros, que eram relativamente frequentes, passaram a acontecer em bares de Essen. Apesar disso, os membros da missão brasileira que se sentiam discriminados passaram a não mais comparecer a esses encontros.

Gellio sempre se perguntava como teria sido se, por algum motivo, o Ministério da Guerra do Brasil tivesse escolhido um judeu para fazer parte da missão. Era algo que poderia ter acontecido e, certamente, teria causado muitos problemas com os alemães, além de ter posto em risco a segurança do oficial brasileiro.

Um dos grupos étnicos que os nazistas consideravam como muito inferior aos arianos, colocando-o ao lado dos judeus e dos ciganos como os de pior origem, caráter e inteligência eram os africanos. Como na Alemanha, naquela época, não havia muitos africanos ou descendentes, não houve uma perseguição significativa. Entretanto, os elementos racistas da sociedade acabavam por corromper até crianças, mesmo dentro da casa de Gellio.

Laís, a filha mais nova do coronel brasileiro, como foi muito pequena para a Alemanha (com aproximadamente três anos), não se lembrava do Brasil nem das pessoas daqui. Gellio e Alba não se preocupavam muito em proteger a filha da influência nazista, pois a consideravam muito nova para ser influenciada.

Quando voltaram ao Brasil, perceberam que a pequena, apesar do que haviam pensado, havia sido "tocada" pelo nazismo. Ao desembarcar em nosso país, Laís se assustou muito e chorou ao ver um homem negro. Perguntada pela mãe por que estava chorando, ela respondeu que havia ouvido, na Alemanha, muitas histórias nas quais os "monstros" eram sempre negros e ela estava com medo!

Foi um episódio que entristeceu Alba, mas, de qualquer forma, seria fácil explicar e tirar esse "trauma" da pequena Laís, livrando-a dessa mancha que o nazismo havia colocado em seu coração. Essa foi mais uma prova da força que o nazismo tinha na sociedade e de como era fácil corromper crianças, desde cedo, inserindo nas mentes jovens conceitos que só interessavam a Hitler e ao nazismo.

CAPÍTULO XI
DEIXANDO A ALEMANHA

Com a guerra a "pleno vapor" na Europa e as hostilidades contra estrangeiros aumentando, Gellio percebeu que havia se tornado insustentável manter a família com segurança em Essen, especialmente se o Brasil decidisse entrar na guerra do lado dos Aliados. Por isso, tomou uma decisão perigosa: pegar a família e colocá-la em um navio, de volta para o Brasil.

O grande perigo era o fato de que ele não tinha autorização para sair da Alemanha e, tampouco, para andar pelas ruas sem estar vestindo sua farda. Em tempos de guerra, militares que estão em outro país são obrigados a usar sua farda o tempo todo, sob pena de serem acusados de espionagem.

Após tomar a decisão final de levar sua família para longe e embarcá-la de volta para o Brasil, Gellio entrou em contato com seu amigo e oficial-chefe, o coronel Lacerda. Este, que havia se mudado para Essen havia poucos meses (e morava, naquela época, no mesmo prédio de Gellio), foi se encontrar com o amigo em sua casa, sem a presença das meninas, de Alba e de Inésia.

Tiveram uma longa conversa, franca e objetiva. Gellio, que já havia comentado com o coronel Lacerda sobre a possibilidade de sair da Alemanha, confirmou sua intenção e disse que gostaria de ter a ajuda do amigo para traçar o plano de fuga e de retorno, para que houvesse maiores chances de sucesso.

Lacerda, que também já estava muito preocupado com a própria situação e a de sua família, lamentou não poder fazer o mesmo, por ser o chefe da missão militar brasileira. Por esse motivo, não poderia deixar a Alemanha, nem por um curto período.

Nessa mesma época, Tomiris, esposa de Lacerda, e Mirinha, sua filha, já estavam muito preocupadas e querendo voltar para o Brasil. Gellio disse que, se houvesse lugar no carro, ele certamente as levaria.

Como estratégia para a fuga, Gellio e Lacerda concordaram que o melhor seria que os alemães só percebessem que Gellio não estaria comparecendo aos testes de tiro e à fábrica, para acompanhar a produção dos canhões, quando já estivesse bem longe, com sua família, fora do território alemão. Essa vantagem seria vital para que os soldados de fronteira não fossem avisados para deter o coronel brasileiro e sua família, quando tentassem deixar a Alemanha.

Para isso, combinaram que o coronel Lacerda iria "encobrir" suas faltas, fazendo o pessoal da Krupp acreditar que Gellio estaria acompanhando testes nos campos de provas, enquanto o pessoal dos campos de prova e, especialmente, os oficiais do Exército alemão, que também participavam dessas atividades, seriam convencidos de que Gellio estaria acompanhando etapas da fabricação...

Ambos sabiam que essa estratégia só poderia funcionar por alguns dias e que, depois, os militares alemães iriam acabar sabendo que ele havia "escapado". Com a fuga, seria inevitável pensarem que Gellio estaria fugindo com informações militares, ou seja, fazendo papel de espião.

Gellio sabia que, para tirar sua família da Alemanha, precisaria sair à paisana, ou seja, sem sua farda. Assim, nos últimos dias do mês de setembro de 1939, apenas com a roupa do corpo e pouca bagagem, entraram todos no carro e partiram de Essen. O veículo, apesar de grande, ficou lotado com toda a família e bagagem.

Foram em direção à fronteira da Alemanha com a Holanda, para onde pretendiam fugir e ficar em segurança. Haveria um navio brasileiro partindo para o Brasil, saindo da França, em meados de novembro, e o melhor a fazer seria esperar na Holanda até o momento certo para irem para a França e embarcar para o Brasil. O que Gellio não queria era correr o risco de continuar na Alemanha, o que poderia colocar em risco a segurança de sua família,

O coronel Gellio, por estar no meio de uma missão militar, não poderia, simplesmente, abandonar seu posto. Por essa razão, seu plano era colocar a família no navio, em segurança, e retornar a Essen, o mais rapidamente possível. O problema, é que essa operação não seria rápida...

Até mesmo para o Exército Brasileiro, a fuga de Gellio da Alemanha poderia ser mais que um simples transtorno. Eventualmente, o coronel poderia ser acusado de abandono de posto e sujeito às penalidades previstas no código de conduta o Exército Brasileiro.

O trajeto era longo e a viagem não era nada confortável para as seis ocupantes do banco de trás. Yolanda, Inésia, Lourdes, Izza, Albinha e Laís "se espremiam" no banco traseiro.

Albinha e Laís ficavam um pouco no colo das irmãs mais velhas ou no de Yolanda ou Inésia. Quando todas ficavam cansadas do peso das duas menores, elas acabavam ficando no chão do carro, lutando por um espaço entre os pés das maiores... No banco da frente, com conforto, ficavam Gellio e Alba.

A passagem pela fronteira com a Holanda foi um momento tenso. Gellio não sabia se havia sido expedida ordem para detê-lo, caso tentasse sair do país. Na fronteira que, felizmente, ainda não estava fortemente vigiada, Gellio teve apenas de cumprimentar um soldado e um sargento do Exército e mostrar seus documentos. Os militares não se alteraram e liberaram a passagem rapidamente. Foi mais fácil do que Gellio pensara...

Depois de conseguir passar pela fronteira e entrar na Holanda, foram para Haia, uma das principais cidades holandesas. Hospedaram-se no Kurhaus, um hotel de luxo, localizado na Praia de Scheveningen, que hospedava muitas pessoas de classes mais abastadas que, naquela altura dos acontecimentos, já estavam fugindo do regime nazista.

Como a Áustria havia sido anexada pela Alemanha em 1938, muitos nobres e membros da antiga elite austríaca, passaram a morar provisoriamente no Kurhaus. Havia, também, hóspedes árabes, albaneses (a Albânia havia sido invadida pela Itália naquele ano) e tchecos (a então Tchecoslováquia havia sido dominada pelos alemães, também naquele ano), entre outros. Havia, também, várias famílias de judeus alemães que estavam de passagem pela Holanda ou mesmo lá morando provisoriamente.

A preocupação principal de quase todos os hóspedes do Kurhaus era a possibilidade real de uma invasão da Holanda pelos alemães. Seria o fim para muitas daquelas famílias lá hospedadas...

Gellio costumava dizer que aquele enorme hotel de luxo, "graças" a Hitler, se transformara em um grande abrigo de luxo, para ricos refugiados de guerra!

Era um hotel muito grande, com vários restaurantes, piscinas e ficava bem em frente à praia. Foi construído no século XIX e contava até mesmo com um grande teatro, para apresentações diversas, em noites de gala. Até os dias de hoje, é um hotel de grande luxo, cinco estrelas, que continua atraindo público de alto poder aquisitivo, celebridades e autoridades de todo o mundo.

Ficaram todos cerca de um mês na Holanda, antes de prosseguirem viagem. Apesar da situação provisória e tumultuada em que se encontravam, as meninas estavam gostando e aproveitando bem a estada na Holanda.

Gellio e sua família já haviam estado na Holanda várias vezes e gostavam muito do lugar. Dessa vez, estavam gostando especialmente do hotel e da praia, apesar do tempo frio. O Hotel Kurhaus era infinitamente superior e muito mais interessante para as meninas, se comparado ao Hotel Orange, no qual ficaram hospedadas, várias vezes, quando foram passear na Holanda.

Apenas Lourdes e Izza percebiam que as coisas não iam bem e sentiam certa preocupação dos pais. Mesmo assim, não deixavam de aproveitar o "passeio" da melhor maneira possível. Izza, por exemplo, aproveitava para comer "bem" no hotel que oferecia uma infinidade de doces e guloseimas para as crianças. Inésia e Yolanda tentavam disfarçar sua ansiedade, para poupar as meninas.

No hotel era fácil perceber, no olhar das pessoas, a preocupação que estava no ar. Era um clima de guerra fria, incerteza e medo. O nazismo era uma "fera" pronta a atacar, e muitos dos que fugiam das represálias dos alemães estavam naquele hotel.

Durante sua estada em Haia, a família fez vários passeios e tiveram a oportunidade de conhecer outras cidades próximas. Os jantares no hotel eram sempre muito bons, mas as meninas não gostavam de ser "barradas" no salão principal, pois era proibida a entrada de crianças.

O mais incrível era que o mesmo não se aplicava aos cães que, não só podiam entrar no salão de jantar principal, como podiam, até mesmo, ocupar cadeiras nas mesas. Isso era muito frustrante para Lourdes, Izza e Albinha, que se sentiam "piores que os cães"! Mesmo assim, elas ficavam "rondando" o salão de jantar, apenas para olhar, através de janelas e portas, as roupas elegantes dos hóspedes do Kurhaus.

Alba e Gellio faziam suas refeições no salão principal, somente para adultos (e cães!!!). O salão estava sempre cheio e os hóspedes, eventualmente, se misturavam. Algumas vezes, o casal brasileiro teve a oportunidade de conversar com outros hóspedes, mas sempre com muita cautela. Aliás, cautela era a palavra de ordem para a maioria dos hóspedes do Kurhaus.

Como muitos estavam, de alguma maneira, fugindo dos alemães, temiam acabar falando demais e chamar atenção. Gellio não pensava diferente e era bastante cauteloso com quem conversava. Mesmo assim, acabaram tendo a oportunidade de conhecer muitas pessoas interessantes naquele imponente hotel.

Como mais uma medida preventiva, instruiu suas filhas, Yolanda e Inésia, que evitassem ao máximo conversar com outros hóspedes e, até mesmo, com funcionários do hotel. O principal era nunca dizer que faziam parte da família de um militar brasileiro e que moravam na Alemanha.

Para todos os efeitos, eram uma família brasileira, em viagem de turismo, que fora pega de surpresa pelo início da Guerra e que pretendiam, ainda, passar mais algum tempo na Europa, desde que fosse em países neutros. Esse era o discurso que Gellio ensinou a toda a família, para o caso de serem questionadas sobre o motivo de sua estada em Haia.

Já fazia muito frio na Holanda, naqueles dias de outono, mas isso não impedia Lourdes, Izza e Albinha de passearem na praia. Não entravam na água, que era muito gelada. O passatempo preferido, durante o tempo em que ficavam na praia, era pegar conchinhas.

As garotas tratavam de tirar os sapatos, para caminharem descalças na areia. Em uma tarde, "caçando conchinhas", Izza, que estava descalça e andava próxima à água, acabou queimando o pé em uma água-viva. Foi o suficiente para que os passeios pela praia perdessem a graça para ela; pelo menos, por algum tempo...

Enquanto estavam na Holanda, o "clima" começou a mudar. Apesar de ser, oficialmente, um país neutro, era cada vez mais comum ver grupos de soldados e oficiais alemães transitando e fiscalizando o que acontecia. Todos sabiam que, se alguém que estivesse fugindo, fosse identificado pelos alemães, mesmo em solo holandês, haveria uma boa chance de que esta pessoa viesse a ser sequestrada e levada de volta para a Alemanha.

Nessa época, o governo nazista de Hitler estava fazendo pressão política para que o governo da Holanda aceitasse um acordo nos moldes da Áustria. Seria, na prática, uma rendição pacífica e a anexação ao terceiro *Reich*.

O governo holandês, ao contrário do austríaco, continuava firme na decisão de se manter neutro no conflito: não lutaria, mas, também, não aceitaria a anexação ao Estado alemão. Esse impasse político, que desagradava profundamente a Hitler, se estendeu até o ano seguinte.

Em 1940, depois de esgotar todas as tentativas de anexação pacífica da Holanda, Hitler ordenou a invasão do país, que não ofereceu resistência significativa perante o enorme poderio militar alemão. Seria impossível, para as Forças Armadas da Holanda fazerem frente ao Exército alemão...

Antes disso, no entanto, Alba e Gellio, assim como todo o resto do grupo, não tinham praticamente nada para fazer, a não ser, esperar pelo dia em que teriam de deixar a Holanda em direção ao porto de Bordeaux. Enquanto as meninas ficavam no hotel, sob os cuidados de Inésia, Gellio, Alba e, eventualmente, Yolanda, saíam para passear um pouco no centro de Haia.

Alba, apesar da gravidade da situação em que se encontravam, estava sempre querendo comprar alguma coisa diferente para levar para o Brasil. Para ela, ainda estar na Europa era como uma oportunidade de passeio e de compras que, com toda a certeza, não se repetiria tão cedo... Mesmo que pudessem voltar ao Velho Continente, a guerra que se iniciava, certamente, iria dificultar ou impedir qualquer viagem.

Depois de quase um mês hospedados em frente à Praia de Scheveningen, começaram a aparecer alguns militares alemães, que se hospedaram no Kurhaus. Eram tenentes, capitães e, eventualmente algum coronel. Esses alemães estavam criando um clima de desconforto entre a maioria dos hóspedes. Todos ficavam com a impressão de estarem sendo vigiados e que, a qualquer momento, poderiam "ser pegos"...

Conversando com um austríaco, refugiado no Kurhaus, Gellio ouviu que, antes do início da incorporação da Áustria pelas forças de Hitler, muitos militares alemães começaram a se mudar para Viena e outras cidades importantes do país. Essa era uma estratégia para fazer um trabalho subliminar de terror entre a elite local, como forma de intimidação, para que não fosse necessária a tomada da Áustria pela força. Foi uma pressão psicológica bastante "eficiente".

Depois de ouvir essa história e as preocupações desse senhor austríaco, que tinha o título de nobreza de Barão, Gellio decidiu levar a família para longe. Foram para Paris que, até aquele momento, não havia sido invadida pelos alemães.

CAPÍTULO XII
DE PARIS PARA O RIO DE JANEIRO

Como a viagem até Paris seria longa, viajaram por algumas horas e, então, Gellio decidiu parar em uma pequena cidade do interior da França e lá passar a noite. No dia seguinte, pela manhã, retomaram a viagem.

Quando chegaram a Paris, o ambiente já era bem tenso, pois o país estava oficialmente em guerra contra a Alemanha, apesar de não ter havido grandes combates, a não ser, pequenas batalhas nas regiões de fronteira. Gellio e sua família conheciam a cidade muito bem, pois já haviam feito várias viagens para lá, enquanto moravam em Essen.

Os parisienses estavam bastante preocupados com a guerra e temiam que as batalhas chegassem até a sua cidade. Era consenso, entre os mais intelectualizados e boa parte da população, que os nazistas iriam, em pouco tempo, tentar invadir seu país. Até aquele momento, Hitler, apesar de ter tomado a iniciativa de criar um estado de guerra na Europa, não havia iniciado grandes ataques contra a França, o que só viria a acontecer no ano seguinte, em maio de 1940.

O Exército francês, todos sabiam, não seria páreo para o alemão, mesmo contando com uma grande linha de defesa, conhecida como linha *Maginot*, que se estendia pela fronteira com a Alemanha. Apenas o Governo francês parecia confortável com as defesas do país. A desconfiança da população era procedente, pois a invasão alemã aconteceria por outro lado, pegando a França praticamente indefesa.

A linha *Maginot* acabou sendo até mesmo motivo de piada, pois se tornou o marco mais visível da derrota francesa para os alemães. Apesar de ser uma grande barreira fortificada, o planejamento de defesa dos militares franceses falhou de maneira gravíssima, não prevendo que o ataque alemão pudesse dar-se pela Bélgica e por outros lados da linha, contornando as fortificações e avançando pelo país, sem maiores resistências. Foi uma derrota estrondosa e considerada vergonhosa pelos franceses.

Da direita para a esquerda: Lourdes, Alba, Albinha e Iza, enquanto visitavam o memorial ao soldado desconhecido, situado sob o Arco do Triunfo, em Paris.

Apesar de saber que não haveria lugar totalmente seguro Gellio decidiu ficar naquela cidade até o momento de ir para o porto de Bordeaux, no sudoeste da França.

Foram, aproximadamente, vinte dias na capital francesa. O coronel estava cada vez mais preocupado com a repercussão que sua longa ausência da Alemanha poderia causar. Só queria colocar a família a salvo no navio, e retornar o mais rápido possível para a Alemanha.

Era outono em Paris; a temperatura já estava caindo bastante. A paisagem mudava a cada dia, com as árvores perdendo suas folhas e um lindo manto "dourado", de folhas secas, cobrindo as ruas e praças. Sempre que possível, a família aproveitava para fazer passeios, como visitar museus, almoçar fora e fazer compras. Para as meninas, estava sendo mais um bom passeio. Não percebiam o que poderia acontecer. A guerra, para elas, parecia algo distante, apenas um assunto sobre o qual todos os adultos gostavam de falar, repetidamente.

Em uma tarde fria, Alba, Izza e Lourdes saíram do hotel para fazer um passeio por alguns pontos turísticos que gostariam de visitar uma última vez, antes de retornarem ao Brasil. Yolanda, Inésia, Albinha e a pequena Laís, saíram para fazer algumas compras, a pedido de Alba.

Enquanto isso, Gellio saiu para se encontrar com outros militares brasileiros, em um café. Ele havia entrado em contato com o coronel Rangel, também membro da missão do Exército brasileiro na Europa. Com Rangel, Gellio esperava ter notícias de Essen e saber se deveria, ou não, mudar seus planos.

No passeio que fizeram, Alba, Lourdes e Izza pararam no Arco do Triunfo, um dos principais marcos da capital francesa. Situado na Praça *Charles de Gaulle*, na Avenida *Champs Élysées*, o arco foi construído no início do século XIX, por ordem de Napoleão Bonaparte, em comemoração pelas suas vitórias militares.

Sob o monumento, na base do arco, há uma pira do "fogo eterno", que queima em memória ao túmulo do soldado desconhecido da Primeira Guerra Mundial. Esse local ficou ainda mais famoso quando, em junho de 1940, menos de um ano depois, o Exército alemão marchou pela Avenida Champs Élysées, passando pelo Arco do Triunfo, comemorando o seu próprio triunfo sobre os franceses. Foi um dos dias mais tristes e vergonhosos para Paris e para todo o povo francês.

Alba e suas filhas pararam na base do arco para admirar a pira do "fogo eterno". Acabaram, instintivamente, fazendo um ou mais minutos de silêncio. Era impossível deixar de pensar que o horror que havia sido a Primeira Guerra Mundial poderia estar prestes a se repetir.

Lourdes não conseguiu ficar quieta e perguntou à sua mãe se a guerra chegaria até elas, antes que conseguissem voltar ao Brasil. Alba, que não era de "dar trela" para as filhas, apenas disse para não ficarem pensando bobagem e que logo estariam no navio, voltando calmamente para o Brasil...

Disse, também, que deveriam aproveitar o passeio ao invés de ficar "inventando coisas". Era a reação típica de uma mãe, tentando evitar, a qualquer custo, uma conversa e explicações que iriam, certamente, apenas deixar as meninas mais assustadas.

Mais tarde, quando toda a família estava de volta ao Hotel Favart, Gellio falou para Alba que gostaria de tomar um café com ela, no bar do hotel. Desceram uma longa escadaria (estavam no segundo andar) e se dirigiram ao bar. Gellio, então, contou a Alba que seu "sumiço" da Alemanha havia levantado sobre ele, como ele previra, muitas dúvidas e suspeitas, por parte dos alemães.

O coronel Rangel disse a Gellio que ele poderia estar sendo seguido, mesmo em território francês. Essa teoria, no entanto, não parecia ser muito realista, mas era suficientemente preocupante para Gellio decidir ir para o porto de Bordeaux um dia antes do previsto.

No final de novembro de 1939, Gellio partiu, de carro, para o porto de Bordeaux (pronuncia-se "bordô"), no sudoeste da França, pois, finalmente, estava próxima a data da saída do navio "Almirante Alexandrino" — o mesmo no qual haviam feito a viagem para a Alemanha, dois anos antes —, que deveria levar a sua família de volta para o Brasil.

Durante o longo trajeto, Gellio foi obrigado a procurar um lugar para passarem a noite. Seria apenas uma noite na estrada, pois, no dia seguinte, chegariam a Bordeaux. Não havia muitas opções para pararem. Sem que as filhas percebessem, ele, que estava bastante apreensivo, procurava um local seguro.

Foi então que ele e Alba decidiram parar em uma espécie de pousada, ou estalagem. O prédio tinha dois pavimentos e os quartos ficavam no andar superior. Não parecia, realmente, um bom lugar para passarem a noite, mas, como já estava ficando tarde, as opções ficaram mais reduzidas.

Quando entraram, Gellio deu ordem às suas filhas e também a Alba, Inésia e Yolanda, para que subissem rápido, sem olhar o que estava acontecendo no andar de baixo. Lá funcionava um bar, com um grande balcão e mesas por todo o salão.

Apesar da recomendação, todas puderam ver que era um lugar "enevoado", de tanta fumaça de cigarro e que estava cheio de soldados franceses e de mulheres, provavelmente prostitutas. Somente uma extrema necessidade para fazer com que Gellio levasse sua família para dormir lá...

Quando chegaram ao quarto, perceberam que estavam em uma situação ainda pior: era um ambiente muito sujo, especialmente as camas. Quando puxaram os cobertores, se depararam com lençóis tão sujos que, provavelmente, nunca haviam "visto a cor" de uma lavagem. Alba disse a todas que, por medida de higiene, ninguém deveria tirar suas roupas para deitar, ficando até mesmo com os gorros que estavam usando...

Enquanto isso, Gellio desceu para conseguir comida e água para todos. Ao sair, deixou a recomendação para que nenhuma delas saísse do quarto, mesmo que estivessem com vontade de ir ao banheiro, que ficava no final do mesmo corredor. Como havia no quarto somente uma pia, ele disse, para quem precisasse utilizar o banheiro, que usasse a pia como "quebra galho"...

Um pouco antes de Gellio sair do quarto, Izza, que estava olhando pela janela a paisagem do lugar, percebeu que havia um homem, vestindo um sobretudo preto, do lado de fora da casa, aparentemente se escondendo, se esgueirando por trás das árvores e olhando para a janela do quarto em que estavam. Izza chamou seu pai, que também ficou "espiando" um pouco, até ver o misterioso homem que, logo em seguida, desapareceu na escuridão. O pai fez um ar de desconfiado, mas disse a Izza e às outras que não era nada, para que não se preocupassem. Saiu do quarto em seguida.

Depois de algum tempo, Gellio ainda não havia voltado e Yolanda, que estava impaciente, disse que iria sair do quarto para ir ao banheiro. Alba tentou fazê-la mudar de idéia, em vão. Yolanda saiu pelo corredor, em direção ao banheiro, mas, antes de conseguir chegar, foi abordada por um soldado francês, bêbado, que tentou agarrá-la à força.

Nesse mesmo momento Gellio, que estava acabando de subir a escada, viu a cena e correu para ajudar a cunhada. O francês, mesmo bêbado, tentou agredir Gellio que respondeu com um soco. Com o soldado caído no chão, desacordado, os dois voltaram rapidamente para o quarto. Gellio somente disse que todas pegassem suas coisas, pois eles iriam deixar aquele lugar imediatamente.

Havia a preocupação de que o incidente pudesse prejudicar a ida para Bordeaux. Por esse motivo, mesmo sem ter passado a noite naquele, digamos, "hotel", e, ainda cansados, o melhor a fazer seria prosseguir viagem e continuar na estrada, noite adentro. Somente Albinha, Izza e Laís, a menor das irmãs, conseguiram dormir um pouco por lá.

Gellio dirigiu até o amanhecer. Passou a noite em claro, lutando contra o sono, enquanto Alba e todas no carro, mesmo apertadas, tentavam cochilar como podiam. Para as crianças era mais fácil e, especialmente Laís e Albinha, conseguiram dormir bem. A viagem durou até a metade da manhã, mais ou menos até as dez horas, quando chegaram ao porto de Bordeaux.

Ao chegarem ao porto, Gellio estacionou o carro e deixou a família esperando, enquanto cuidava das passagens e do embarque de todas. Como na ida para a Alemanha, a família iria ocupar duas cabines no "Almirante Alexandrino".

O coronel estava preocupado em embarcar todas no navio o mais rápido possível. Disse a Alba que deveriam tomar o café da manhã a bordo, ficando em terra somente o mínimo indispensável. Quanto a ele, depois de deixá-las acomodadas no navio, tomaria seu café da manhã no porto e, imediatamente, seguiria viagem de volta para Essen.

Resolvida toda a burocracia, cuidaram de embarcar as poucas malas que carregavam e subiram a bordo. Estavam levando pouca coisa da Alemanha. Alba, alguns meses antes da partida, já começara a despachar para o Brasil muitos de seus pertences, especialmente itens de decoração, prataria, louças e itens pessoais de toda a família. Até mesmo a árvore de natal de penas verdes e todos os enfeites natalinos já haviam sido enviados para o Brasil.

Deixaram no apartamento somente os móveis e pertences que não consideravam importantes, como roupas mais velhas. Alba e Gellio decidiram tomar essa prudente medida, pois sabiam que a situação poderia piorar na Europa e, eventualmente, poderiam precisar sair "às pressas" da Alemanha, o que, de fato, acabou acontecendo...

Mais tranquilo, com a família já a bordo, Gellio tomou uma medida importante para a própria segurança no retorno à Alemanha: vestiu sua farda de coronel, já que havia recebido a promoção a esse posto, pouco tempo antes.

Na hora da despedida houve, como era de se esperar, muito choro. As meninas mais novas estavam apenas se despedindo do "papai", sabendo que logo o veriam em casa, no Rio de Janeiro. Já Alba, Yolanda, Lourdes e Izza, sabiam dos riscos que Gellio poderia correr ficando na Europa; por outro lado, sabiam que era sua obrigação ficar no posto para o qual fora designado, até que recebesse ordem contrária.

Alba, Yolanda, Inésia e as meninas, ficaram no convés, para se despedir de Gellio, mais uma vez, assim que ele deixasse o navio. As meninas estavam muito tristes; Albinha e Laís choravam muito, mas sem "escândalo". Assim que desceu uma das rampas de acesso ao navio, parou e olhou para cima. Todas acenaram e Gellio retribuiu com um aceno e um largo sorriso. Estava tranquilo por ter deixado sua família em segurança.

Em seguida, o coronel continuou caminhando em direção à saída da doca e do estacionamento onde havia deixado o carro. Parou mais uma vez para olhar para sua família, sorrir e acenar.

Enquanto se dirigia para o carro, para sua surpresa (ou não...), ao lado do veículo havia dois homens, de chapéus e sobretudos pretos, olhando diretamente para Gellio, enquanto ele se aproximava.

Ao se aproximar, foi abordado, em alemão, pelos dois, que se identificaram como oficiais da *Gestapo*, a temida polícia secreta de Hitler. Esclareceram que haviam sido designados para segui-lo e conduzi-lo de volta à Alemanha. O coronel Gellio, sem demonstrar surpresa, apenas disse que precisaria pegar uma mala no carro, caso eles quisessem fazer a viagem em outro veículo. Os alemães, por sua vez, disseram que pretendiam voltar para a Alemanha, no próprio carro de Gellio e que ele não precisaria se preocupar com nada.

Eles haviam entrado na França disfarçados, pois já havia o estado de guerra entre os dois países. Gellio foi advertido para não tentar avisar a ninguém sobre a identidade deles. O coronel, por sua vez, disse que não tinha intenção de fazer isso e, também, que precisava voltar à Alemanha para retomar suas atividades. O trajeto de volta seria o mesmo da ida para a França: passariam pela Bélgica e Holanda, antes de, novamente, entrarem em território alemão.

Nesse momento, Gellio teve a certeza de que o misterioso homem que Izza havia visto da janela da estalagem, na qual estiveram na noite anterior, era, sem dúvida, um dos oficiais da *Gestapo*. Também em outros momentos da viagem havia tido a impressão de estar sendo seguido, mas, em nenhum momento, teve alguma comprovação disso.

De certa forma, ficou mais tranquilo, pois, mesmo tendo sido pego pelos alemães, havia conseguido atingir o objetivo de colocar sua família em segurança, rumo ao Brasil. Era uma sensação boa de dever cumprido.

O coronel Gellio sabia que, apesar de ter sido "preso", não poderia sofrer maiores represálias, pois iria regressar devidamente fardado e, ainda na condição de membro da Comissão Oficial de Inspeção de Material Bélico do Exército brasileiro.

Como o Brasil ainda não havia entrado na guerra, nada mais grave deveria acontecer, além de um grande constrangimento perante alguns militares alemães, aos quais Gellio costumava se reportar. Entretanto, por se tratar de nazistas e, para completar, em meio a uma guerra, era preciso estar preparado para qualquer eventualidade...

Ele sabia que, se houvesse uma determinação do Exército alemão, ou da própria SS (que controlava a *Gestapo*), ele poderia ser sumariamente executado, e dado como desaparecido, sem causar maiores problemas nas relações entre os governos brasileiro e alemão. A SS e a *Gestapo* eram famosas por fazerem "sumir" muitas pessoas na Alemanha, e eram as responsáveis por manter o clima de terror entre os considerados inimigos do *Reich*.

Nesse mesmo dia, o navio "Almirante Alexandrino" partiu em direção a Lisboa para pegar outros brasileiros a caminho de casa. Foi uma viagem curta, e a escala em Portugal deveria durar somente dois dias.

Ao chegarem a Lisboa, Alba havia decidido que, por ser mais seguro, ninguém deveria descer do navio. Entretanto, enquanto lá estavam, foi informada de que o navio iria fazer mais uma escala, que não estava prevista no roteiro inicial: iria para a Inglaterra, resgatar brasileiros que estavam tentando, desesperadamente, sair de lá, preocupados com possíveis ataques alemães.

Quando soube da nova escala, Alba ficou muito preocupada, quase em pânico de pensar que iriam atravessar o canal da mancha, em plena guerra, somente com a garantia de que não sofreriam ataques por se tratar do navio de um país que não estava participando do conflito..

Esse medo era plenamente justificável. Na viagem de Bordeaux para Lisboa, em vários momentos, foram avistados periscópios de submarinos que, por algum tempo, seguiam o "Almirante Alexandrino". Devido a essa preocupação, Alba foi perguntar ao capitão do navio se havia alguma outra embarcação brasileira que estivesse atracada em Lisboa e que fosse para o Brasil, sem escalas!

Pouco depois, foi informada de que havia um cargueiro que iria zarpar naquele mesmo dia e que iria em direção ao Rio de Janeiro, somente com uma escala em Salvador. Ela, então, imediatamente decidiu que todas deveriam desembarcar e mudar de navio.

A embarcação para a qual se dirigiram era o cargueiro "Santarém". Alba foi falar com o capitão e, por se tratar da família de um coronel do Exército, receberam autorização para subir a bordo e fazer a viagem de volta, ocupando a cabine do armador. Essa é uma cabine que existe, por tradição, em todos os navios cargueiros e que, teoricamente, deve estar sempre disponível para uso da própria empresa de navegação.

Essa mudança de navio causou muita apreensão e estresse em todas, mas, depois de alojadas no "Santarém", restava apenas a expectativa pelo retorno seguro.

O navio não tinha, nem de longe, o luxo do "Almirante Alexandrino", o que fez com que todas estranhassem e não desejassem fazer a viagem dessa maneira. Alba, entretanto, estava decidida e, além disso, por estarem alojadas na cabine do armador, teriam um bom conforto durante o caminho de volta.

Iniciada a viagem de volta ao Brasil, ainda havia muita preocupação a bordo. Os periscópios de submarinos eram frequentemente avistados do convés do "Santarém" e, depois de algumas horas de viagem, o navio brasileiro foi obrigado a parar, por imposição de um navio da marinha alemã.

Alba e sua família ficaram muito apreensivas e temiam o pior. Era tudo uma incerteza, ou melhor, havia somente a certeza de que os alemães, se desejassem, desrespeitariam qualquer lei internacional e fariam o que quisessem com o navio brasileiro e seus ocupantes, inclusive afundar a embarcação...

Depois que o "Santarém" parou, foi abordado e revistado pelos militares, que estavam à procura de fugitivos. Constatado que só havia carga e brasileiros a bordo, o capitão do navio foi autorizado, pelos alemães, a prosseguir viagem.

Todos a bordo esperavam que o "susto" com os alemães não fosse se repetir mas, infelizmente, não sabiam o que ainda estaria por vir. Foram mais três ou quatro abordagens durante todo o trajeto. Foram parados até mesmo por um navio da Marinha britânica.

Nesse período, a Inglaterra duvidava seriamente das intenções do governo brasileiro, quanto ao seu posicionamento na guerra. Parecia mais plausível que o Brasil ficasse do lado da Alemanha e, provavelmente, já estivesse ajudando o governo de Hitler, "por baixo dos panos".

Como o governo brasileiro era exercido por um ditador, Getúlio Vargas, nada mais óbvio que pensassem que nosso país daria apoio a outros com o mesmo tipo de governo. Por esse motivo, a Marinha britânica, sempre que avistava embarcações brasileiras, obrigava que estas interrompessem a viagem para serem vistoriadas e revistadas.

O objetivo dos ingleses nessas abordagens era o mesmo dos alemães: procurar espiões, armas ou qualquer outro material que estivesse ligado à participação do inimigo na guerra. Além disso, era uma forma de os britânicos exercerem um tipo de pressão sobre o governo brasileiro, para que Getúlio decidisse pelo lado dos Aliados.

Apesar de todo o perigo que uma viagem como essa poderia oferecer aos passageiros e tripulantes do navio, as crianças pareciam totalmente alheias a isso. Albinha e Laís brincavam no convés do "Santarém", como se estivessem em uma praça tranquila. Izza, mesmo sendo mais velha, também parecia não estar muito preocupada com qualquer tipo de perigo pelo qual estivessem passando.

As meninas chegavam a brincar de tentar adivinhar de qual lado do navio o próximo periscópio de submarino iria aparecer! Laís chamava os periscópios de "cachimbinhos" e, por isso, a brincadeira foi apelidada de "caçar cachimbinhos".

Elas levavam tão a serio essa brincadeira que os tripulantes do navio perceberam e, regularmente iam se "consultar" com elas. Queriam saber sobre onde haviam avistado o último "cachimbinho" e havia quanto tempo. Izza, Albinha e Laís ficavam felizes em ajudar. Lourdes, por se julgar mais "adulta", não participava muito dessas brincadeiras, mas, também costumava ficar olhando para o mar, em busca de periscópios.

Certa tarde, com o tempo meio encoberto, Lourdes e Izza estavam sentadas em cadeiras no convés, olhando e apreciando a vista, quando viram mais um "cachimbinho". Ficaram olhando para ele, como sempre o faziam, imaginando como seria ficar confinado em um submarino, sem janelas, debaixo d'água.

Enquanto conversavam, aconteceu uma grande surpresa: o submarino emergiu, passando a acompanhar o navio. Depois de poucos instantes, saindo de uma escotilha no convés do submarino, alguns homens vieram para fora, devidamente armados. Afinal, era mais uma abordagem feita pelos alemães, mas, dessa vez, o que chamou a atenção de todos a bordo foi o fato de terem sido interceptados, pela primeira vez, por um submarino!

Foi quase um mês de viagem, tal qual na ida. O primeiro porto no qual fizeram escala foi o de Salvador. Assim que o navio atracou, toda a família desembarcou para "esticar as pernas" em terra firme. Era muito estranho estar de volta, especialmente em Salvador, que era uma cidade muito diferente do Rio de Janeiro.

Caminharam pelo porto e saíram à procura de um restaurante para almoçar. Depois de tanto tempo morando na Europa, tudo parecia muito diferente. Laís, a filha mais nova, então com quase 5 anos, chorava muito e estranhava as pessoas, especialmente as de cor negra, pois não se lembrava de ter conhecido nenhuma outra pessoa com a pele tão escura quanto a de muitas pessoas que circulavam pelas ruas de Salvador.

Voltaram a bordo do "Santarém" após algumas horas em terra, e não mais saíram, até que a embarcação zarpasse em direção ao porto de Vitória para, depois, finalmente, atracar no porto do Rio de Janeiro, onde a família era aguardada por oficiais do Exército, que haviam sido avisados, pelo capitão do navio, que a família do coronel Gellio de Araújo Lima estava a bordo.

A essa altura, as famílias de outros oficiais que participaram da missão brasileira na Europa também já haviam retornado ao Brasil. Assim como Gellio, outros membros do Exército brasileiro, e o pessoal do corpo diplomático, estavam "detidos" na Alemanha, em diversas cidades, aguardando a oportunidade ou a autorização para voltarem para casa.

Assim que desembarcaram, foram imediatamente para uma casa do Exército, em uma vila militar que ficava no Arsenal de Guerra do Rio de Janeiro. A casa já estava pronta para receber a família do coronel. Era uma casa maior do que aquela na qual eles moravam antes da viagem.

Com a promoção que recebera na Alemanha, atingindo o posto de coronel, Gellio passou a ter o direito de mudar para outra casa do Exército, maior e mais bonita. Os oficiais, normalmente, moram em vilas militares e recebem casas com maior ou menor área e conforto, de acordo com o posto ocupado.

Estavam em casa, finalmente, após quase dois anos vivendo na Europa. Seria, a partir daquele momento, uma vida nova, da mesma forma que tudo mudou para aquela família, quando chegou à Alemanha. A readaptação a morar no Brasil não seria tão fácil. Todas ficaram muito acostumadas ao conforto que a vida na Alemanha proporcionava.

Para as meninas, certamente, seria pior. Para Laís, nada de importante mudaria, pois ela era ainda muito pequena. Em pouco tempo, mal se lembraria da viagem. Lourdes, Izza e Albinha, que eram maiores, certamente iriam estranhar a nova vida no Brasil.

Para crianças e jovens dessa idade, dois anos morando em algum lugar pode parecer a vida inteira. Albinha teria, até mesmo, que aprender a escrever em português, utilizando o nosso alfabeto!

Eram os últimos dias de 1939 e, apesar de estarem de volta e em segurança, ainda restava uma grande preocupação: O que iria acontecer com Gellio? Ninguém sabia como havia sido sua volta para Essen e como os militares alemães encararam a forma pela qual Gellio saiu da Alemanha, sem nenhum aviso, e levou sua família para embarcá-la de volta ao Brasil.

Alba e toda a família ficaram muito tempo sem ter notícias de Gellio, até que a primeira e única carta chegou, quase um mês depois, na qual ele dizia que em breve retornaria. Foi nessa carta, também, que Gellio disse a Alba que havia recebido a notícia de que o navio no qual elas estavam havia naufragado, e que só depois de mais de uma semana, soube que a notícia era infundada. Esse foi o motivo pelo qual não teria escrito antes.

Quando recebeu a carta, Alba chorou muito e percebeu, pela letra tremida e pelo próprio conteúdo da carta, que Gellio estava muito emocionado ao escrevê-la. Ela nunca mostrou essa carta às filhas, tentando poupá-las de ver ou perceber a fragilidade e as preocupações de seu pai...

Somente muitos anos depois, Laís, a filha mais nova, achou essa carta guardada na casa de seus pais. Depois de lê-la, colocou-a de volta, entre as coisas de Gellio, para se perder no tempo e nas lembranças da própria família.

Alba, ao ler a carta, pôde perceber todo o sofrimento do marido ao imaginar que teria perdido, de maneira tão trágica, toda a sua família. Como ele deveria ter se sentido só...

Muito comovida, ela escreveu, na mesma hora, uma carta para Gellio. Mesmo sem saber se ele a receberia colocou no papel toda a tristeza pela separação, e relatou como suas filhas, apesar de estarem bem, sentiam a falta do pai...

Depois daquela carta, Alba ficou mais esperançosa. Só restava a ela e às meninas, continuar a vida normal, esperando pelo dia em que Gellio retornasse para casa e para a vida de sua família.

Poucos dias depois, Alba recebeu, em sua casa, todos os pertences que havia enviado de Essen. As caixas haviam sido entregues, havia alguns meses, no Arsenal de Guerra do Rio de Janeiro, onde Gellio trabalhara antes da mudança para a Alemanha.

As muitas caixas de madeira chegaram ao Rio e ficaram guardadas por muito tempo em um armazém do arsenal. Alba logo se preocupou em verificar tudo, pois, muitas das peças enviadas eram quebráveis, como estátuas de porcelana, pratos, copos e, até mesmo, um lustre de cristal.

Arrumar a casa, desempacotar tudo que veio da Alemanha e cuidar das filhas era o que Alba podia fazer, enquanto aguardava mais notícias e a volta do marido para o novo lar...

CAPÍTULO XIII
O RETORNO DE GELLIO AO BRASIL

Após deixar sua família em Bordeaux, no sudoeste da França, a bordo do navio brasileiro "Almirante Alexandrino", o coronel Gellio foi escoltado de volta a Essen por dois oficiais da *Gestapo*, a polícia secreta alemã.

Foram três dias de viagem, nos quais os oficiais germânicos conduziram o carro de Gellio, com paradas apenas para abastecer o veículo e para as refeições. Os dois policiais se revezavam na direção, para que o outro conseguisse dormir.

O coronel brasileiro, desde o início, disse aos alemães que não causaria problemas e, dessa forma, a viagem prosseguiu com tranquilidade, até o destino final. O trajeto escolhido pelo grupo passava pela Bélgica, Holanda e, finalmente, a Alemanha.

Assim que chegaram a Essen, Gellio foi levado ao QG do Exército, onde o encaminharam à sala do coronel Weiss, chefe da Diretoria de Material Bélico do Exército Alemão.

Foi um encontro bastante tenso, pois havia a suspeita de que o militar brasileiro pudesse ter se ausentado da Alemanha, por tanto tempo, com o intuito de levar informações ou mesmo algum documento com dados secretos ou privilegiados para os aliados. Em tempos de guerra, o clima de suspeita quanto à espionagem é sempre mais acirrado.

O coronel Weiss, entretanto, por já ter mantido contato bastante estreito com Gellio, acabou por se convencer do objetivo da "fuga", pois era compreensível que um pai tentasse proteger sua família de uma guerra, como a que estava se iniciando na Europa.

Apesar disso, Gellio foi colocado sob rigorosa observação, tanto pelo Exército quanto pela Gestapo. Nos primeiros dias, foi autorizado a voltar para sua casa, em *Izabellestrasse*, e aconselhado a não deixar Essen e mesmo a não ficar passeando pela cidade. Deveria, apenas, ir de casa para os encontros de trabalho e retornar.

Nessa altura dos acontecimentos, a maioria dos testes de material bélico fora cancelado, com a alegação do Exército alemão de que não haveria segurança, pois o país estava em estado de guerra. Ainda assim, alguns testes continuavam sendo realizados e, nessas ocasiões, Gellio era levado, como sempre, por um motorista do Exército. A única mudança foi que um soldado armado o acompanhava no carro.

No primeiro dia em que regressou à fábrica da Krupp para acompanhar a etapa final da montagem de um canhão antiaéreo, Gellio acreditava ter saído "ileso" do episódio da sua longa ausência da Alemanha para levar sua família ao porto de Bordeaux. Apesar de sua tranquilidade, o coronel brasileiro recebeu uma visita, inesperada e preocupante, da SS.

Dois oficiais fardados estavam aguardando para levá-lo ao gabinete do chefe da SS em Essen, o coronel Helmut Hübener. Foi um susto, mas Gellio não tinha alternativa, a não ser, acompanhá-los.

Levaram-no de carro, da Krupp para o QG da SS em Essen. Não houve nenhum tipo de conversa durante o trajeto e, também, os oficiais não informaram o porquê do "convite". O coronel Gellio sabia que a SS era famosa pelos seus métodos "nada ortodoxos" de interrogatórios e que, se suspeitassem de algo, mesmo que não fosse verdade, iriam até o fim para averiguar.

Assim que chegaram, Gellio foi encaminhado diretamente para o gabinete do coronel Hübener. Na sala, além do coronel alemão, estava um agente da *Gestapo*, um dos dois que escoltaram Gellio de volta a Essen. Esse foi um dos momentos mais delicados e aflitivos pelos quais ele passou, durante todo o período em que esteve na Alemanha...

Naquela sala houve um interrogatório tenso, no qual Gellio descobriu que todos os seus passos, desde que chegou à Holanda, até o embarque de sua família, na França, estavam sendo vigiados. O que a SS queria saber era se ele havia mantido contato com algum militar ou espião de outro país, em especial da Inglaterra ou da França, inimigas já declaradas da Alemanha. Queriam saber o que ele teria conversado e quais informações poderia ter fornecido ao inimigo.

Mostraram-lhe diversas fotos de encontros seus com outros hóspedes do hotel, e de algumas pessoas que o coronel brasileiro nem sabia de quem se tratava... A cada foto, Gellio tentava convencer os alemães da SS que as conversas que manteve com hóspedes durante sua estada no Hotel Kurhaus, eram apenas casuais, aleatórias. Até mesmo o histórico de pessoas que estavam no porto de Bordeaux, com as quais Gellio conversou, foi investigado.

Foram mais de seis horas nesse longo e estressante interrogatório. O coronel Lacerda não havia sido notificado, e não sabia onde Gellio poderia estar. Preocupou-se muito, pois um engenheiro da Krupp, amigo dele e de Gellio, disse-lhe que soube que o coronel havia sido levado pela SS e, depois disso, não havia tido mais notícias...

Durante todo o longo interrogatório, os alemães não fizeram nenhum tipo de tortura física, mas ameaçavam Gellio, constantemente, para fazer com que ele deixasse transparecer qualquer coisa que estivesse tentando esconder. O coronel pode não ter sofrido nenhuma tortura física, mas, a violência psicológica foi indescritível.

Gellio tentou convencer os oficiais da SS e da *Gestapo* de que, mesmo que tivesse conversado com algum espião, teria sido por mero acaso, pois não conhecia ninguém com quem houvesse trocado palavras durante a viagem. Além disso, alegava não ter conhecimento de nenhuma informação, secreta ou não, que pudesse ser útil aos inimigos da Alemanha...

Mesmo tendo sido liberado, o clima continuava muito tenso no trabalho. Os únicos momentos mais descontraídos aconteciam quando estava na Krupp, em companhia de seus colegas, engenheiros alemães, e dos engenheiros militares brasileiros, que faziam parte da missão militar. Eventualmente, Gellio ia à casa de alguns deles, após o término do dia de trabalho, mas sempre com a vigilância próxima de um ou mais militares alemães...

Nesse período, o coronel já tinha certeza de que o governo e o Exército alemão, não tinham mais interesse em fornecer armamentos ao Brasil, que a essa altura dos acontecimentos, já havia se declarado neutro na guerra, ou seja, não lutaria nem do lado dos Aliados e nem do lado dos países do Eixo (Alemanha, Itália e Japão).

Depois de mais algumas semanas, ele recebeu a grata informação, vinda do Ministério da Guerra brasileiro, de que a sua missão na Alemanha deveria ser encerrada. Vários prazos de entrega de armamentos já haviam expirado e, mesmo tendo feito pagamento antecipado de parte das encomendas, o Exército brasileiro não estava recebendo mais nenhuma das armas encomendadas. Houve uma ordem expressa do Ministro da Guerra, para que Gellio retornasse imediatamente ao Brasil.

Toda a operação de compra de armamentos feita da Alemanha, ou seja, o contrato com as indústrias Krupp foi, no final das contas, um péssimo negócio para o governo brasileiro. Somente uma pequena parte dos canhões foi entregue (menos de trinta) e uma pequena parcela dos armamentos mais leves. O Ministério da Guerra desembolsou pouco mais de quinze por cento do valor acordado, mas não recebeu nem dez por cento do material encomendado! Péssimo negócio!

Apesar de já estar oficialmente desligado da missão militar brasileira e pronto para deixar a Alemanha, Gellio foi "convidado" pelo comando do Exército alemão a ficar por tempo indeterminado no país. O objetivo dessa "prisão camuflada" era mantê-lo como "moeda de troca", na eventualidade de militares alemães ficarem retidos no Brasil.

A partir dessa situação criada pelo governo alemão, houve uma ação recíproca por parte do governo brasileiro, que decidiu impedir o retorno e colocou sob vigilância todos os oficiais militares alemães, que estavam no Brasil...

Foi um período tenso, mas não muito longo. Após pouco mais de um mês de entendimentos diplomáticos, os dois países decidiram por bem fazer uma "troca amigável".

Enquanto aguardava seu destino, vigiado o tempo todo, Gellio recebeu uma notícia terrível. Chegou uma informação de que o navio que levava toda sua família de volta ao Brasil, havia sido afundado.

Foi a pior notícia que poderia ter recebido. Todo o seu esforço para garantir a segurança de sua família, havia sido por nada! Ele chorou, mas se recusava a acreditar que havia perdido todas as pessoas que amava na vida. Teriam os alemães, ou os ingleses, afundado o navio brasileiro por engano? Isso seria possível???...

Depois de passado o primeiro impacto da terrível notícia, Gellio pediu maiores detalhes sobre qual era, exatamente, o nome do navio afundado e a origem da notícia. Somente depois de mais de uma semana de busca por informações concretas, descobriu que havia sido um engano e que nada havia acontecido com sua família.

O alívio foi tão grande que decidiu, na mesma hora, escrever uma carta para Alba, para que fosse enviada ao Brasil, imediatamente. Nessa carta, Gellio contou a Alba sobre como, por algum tempo, pensou tê-la perdido e a todas as suas filhas.

Depois de alguns dias, Gellio, que estava confinado em um quartel do Exército alemão, nos arredores de Essen, foi informado de que, finalmente, estava autorizado a voltar ao Brasil.

Pouco tempo depois, o coronel Lacerda também retornaria ao Brasil, pois a missão militar brasileira acabara de ser oficialmente encerrada, por ordem do Ministro da Guerra, o general Dutra. Por suas obrigações burocráticas, o coronel Lacerda não foi liberado para voltar ao Brasil junto com o amigo Gellio. A esposa e filha de Lacerda ainda estavam na Alemanha e voltaram com ele, pouco mais de um mês após o retorno de Gellio ao Brasil.

Apesar de, na prática, ter ficado detido em um quartel, sua estada até que não foi das piores, pois realizava suas refeições com os oficiais alemães conhecidos, com os quais desenvolvera um bom relacionamento, desde que chegara à Alemanha. Era tratado corretamente, como um colega oficial, mas não tinha autorização para deixar o local.

Após receber a informação de que poderia retornar ao Brasil, Gellio preparou suas malas e aguardou pelo momento de deixar o quartel. Foi levado de carro para a estação ferroviária de Essen, onde pegou um trem para Hamburgo, junto com um tenente e dois soldados alemães, que o escoltavam.

A viagem foi demorada. Gellio viajou fardado. Manteve-se calado durante quase todo o trajeto. Não conhecia o tenente que o acompanhava e lamentava por deixar a Alemanha naquela situação. Durante o percurso de trem, teve tempo de refletir sobre tudo que havia vivido naqueles quase dois anos. Entretanto, o que predominava em sua mente e coração era a ansiedade para retornar e reencontrar sua família no Brasil.

Estava prestes a voltar para casa e, mesmo tendo realizado seu trabalho com empenho, na medida do possível, devido ao início da guerra, Gellio não sentia a sensação de "dever cumprido". Havia ido à Alemanha para testar e acompanhar a fabricação de armamentos que, sabia, nunca iriam ser enviados ao Brasil.

Quando chegaram a Hamburgo, na própria plataforma de desembarque do trem, havia um jovem tenente alemão, aguardando pelo coronel brasileiro e sua escolta. Foram de carro para o porto de Hamburgo, diretamente para a plataforma de embarque de um navio brasileiro, um cargueiro, que havia recebido ordem do Ministério da Guerra brasileiro para dar uma "carona" a Gellio, de volta ao Brasil.

A escolta alemã entrou no navio, junto com ele, e o acompanhou até a cabine que havia sido preparada para acomodá-lo. Em seguida, retiraram-se, deixando o navio naquele momento. Gellio desconfiou que, apesar de terem saído, os militares alemães não o deixariam lá, sem vigilância, pois, se quisesse, poderia sair do navio. Para garantir que Gellio ficaria a bordo, um carro do Exército, com dois soldados, ficou diante do navio até que zarpasse, algumas horas depois.

O porto de Hamburgo, ficando cada vez mais distante, foi, durante muito tempo, a última lembrança que Gellio teve da Alemanha. Não era uma lembrança triste, pois estava, realmente, muito feliz em voltar para casa.

Quando já estava no navio, antes da partida, na cabine em que acabara de se instalar, o coronel recebeu, das mãos do jovem tenente alemão que o acompanhara até lá, uma caixa. Era um presente do coronel Weiss, o chefe da Diretoria de Material Bélico do Exército Alemão.

Era um estojo de madeira, com uma pistola *Luger*, calibre 9 mm, a mais tradicional e famosa pistola já fabricada na Alemanha. A *Luger* foi a mais emblemática arma utilizada pelos alemães, pois foi muito utilizada na Primeira Guerra Mundial (era considerada inovadora) e sua produção e utilização continuou até a Segunda Guerra.

Gellio ficou realmente feliz com o presente enviado pelo coronel alemão. Apesar da forma como estava sendo conduzido ao navio, quase como se estivesse sendo expulso da Alemanha, o presente do colega foi algo bem-vindo, que foi guardado por Gellio por toda sua vida como, talvez, uma das principais recordações do período em que trabalhou em Essen.

Finalmente, começaria a jornada de volta para casa. Era difícil de acreditar, foram quase dois anos naquele país...

O navio levava, além de Gellio, um grupo de brasileiros que, como todos, estavam querendo retornar ao Brasil, fugindo da guerra. Eram pessoas "recolhidas" em vários países europeus e, na maioria dos casos, traziam pouca bagagem e muita vontade de voltar para casa.

Havia, também, uma família de judeus, vindos da então Tchecoslováquia. Depois da invasão daquele país, muitos haviam fugido para outros lugares e essa família, os Schneiders, estavam se mudando definitivamente para o Brasil, para começar uma vida nova, em um lugar no qual não sofreriam nenhum tipo de preconceito e onde poderiam se estabelecer em paz.

A família, composta por um casal e uma filha de dois anos, foram os únicos, de uma grande família, que conseguiram escapar da perseguição antissemita naquele país. Pais, avós, tios, primos... Todos estavam com suas vidas e destinos nas mãos dos nazistas.

Max Schneider era dono de uma pequena indústria têxtil, estabelecida em Praga. Antes de partirem, conseguiu reunir alguns bens mais valiosos para levar na viagem e, também, vender sua pequena indústria.

Deixar Praga, a cidade onde nasceram, foi uma decisão muito difícil para o casal. Entretanto, com a opressão dos nazistas sobre os judeus aumentando, Max decidiu que, não restava alternativa para garantir a integridade física de sua família.

Tentou (sem êxito) convencer seus pais, sogros, irmãos e outros membros da família, mas não foi ouvido. Todos alegavam (ou esperavam) que uma situação como aquela não poderia durar e, muito menos piorar. Quando viu que ou iria sozinho, apenas com sua mulher e filha, ou teria de ficar na Tchecoslováquia, tratou de cuidar dos preparativos para a viagem.

Anos depois, descobririam que todos, sem exceção, haviam sido vítimas dos campos de concentração nazistas. Ninguém sobreviveu...

Além da família Schneider, havia pelo menos mais duas ou três famílias de judeus que conseguiram embarcar no navio brasileiro, saindo da Europa enquanto podiam. Eram poloneses que, por sorte, estavam viajando quando houve a invasão de seu país pelas tropas de Hitler.

Depois da saída da Alemanha, o navio ainda fez várias escalas na Europa, antes de começar a travessia do Atlântico. Foram paradas na Holanda, Bélgica, França e Portugal. O mesmo roteiro da maioria dos navios brasileiros. Na escala francesa, a embarcação parou no porto de Bordeaux, onde Gellio havia embarcado sua família de volta. Dessa vez, era ele que estava voltando para casa.

Em cada uma dessas escalas, mais passageiros e cargas subiam a bordo. Não foram muitos, mas, sem exceção, todos, brasileiros ou não, não viam a hora de se afastar do Velho Continente, que, mais uma vez, estava em guerra e à beira de um conflito que tomaria dimensões nunca antes vistas.

A necessidade de sair da Europa e fugir da perseguição nazista era tão grande, que passageiros, como a família Schneider, pegaram o navio na sua rota de ida, apenas para garantir seu espaço e a viagem para o Brasil. Os judeus que embarcavam no navio brasileiro eram os que mais temiam ficar na Europa, com a notícia da intensificação do antissemitismo e da perseguição na Alemanha e nos países invadidos pelas forças de Hitler.

Da mesma forma que no retorno de sua família, a viagem do coronel Gellio de volta para o Brasil sofreu alguns percalços. O navio foi abordado, durante o trajeto, algumas vezes: em duas ocasiões, por navios da Marinha britânica e outras duas, por embarcações da Marinha alemã. Os periscópios de submarinos também apareciam com frequência e deixavam passageiros e tripulação preocupados.

Como sempre, essas abordagens eram feitas para que todo o navio fosse revistado à procura de fugitivos, espiões ou mesmo de armamento escondido. Nessas ocasiões, Gellio foi interrogado sobre o porquê de sua viagem, por que motivo estava voltando para o Brasil e se possuía ou trazia algum tipo de documento que contivesse informações privilegiadas.

Por sorte, a pistola Luger, presente do coronel Weiss a Gellio, não foi encontrada, pois ele, temendo algum problema, achou melhor colocá-la dentro de uma mala, no compartimento de carga do navio. Se ingleses ou alemães a achassem, a posse dessa pistola poderia causar-lhe sérios problemas. Seria difícil explicar que se tratava de um presente!

A maior preocupação durante a viagem era quando o navio era abordado e revistado por alemães. Isso acontecia pelo receio de que os alemães decidissem reter os judeus e levá-los de volta. Se isso acontecesse, quem fosse levado de volta, certamente, seria, no mínimo, preso.

Quanto mais o navio se afastava da costa europeia, maior era a sensação de segurança dos passageiros a bordo, especialmente para os judeus. Aos poucos, os periscópios de submarinos iam aparecendo mais esporadicamente, e outros navios nem mesmo surgiam no horizonte.

Durante o período em que ficaram no mar, atravessando o Oceano Atlântico, Gellio teve a oportunidade de conversar com diversos passageiros, conhecendo um pouco mais da história de cada uma daquelas pessoas. Era triste ver o semblante desanimado, por deixar toda uma vida para trás. Enquanto Gellio estava voltando para casa, esses passageiros estavam fazendo exatamente o contrário, se afastando cada vez mais de suas casas, sem saber se um dia poderiam voltar.

Depois de quase um mês no mar, a tripulação e passageiros puderam avistar a costa brasileira. Foi uma visão tranquilizadora. A travessia do Atlântico havia sido tensa, mas, finalmente, todos a bordo estavam chegando em segurança ao seu destino.

O navio fez uma escala de dois dias em Vitória, no Espírito Santo e, depois, seguiu direto para o porto do Rio de Janeiro.

Era o fim de uma longa viagem, que representou muito na vida e para a carreira desse militar brasileiro. Gellio ainda não sabia, mas o tempo em que viveu na Alemanha seria a ponte para que atingisse, no final da sua carreira militar, a mais alta e prestigiada patente do Exército: a de marechal.

CAPÍTULO XIV
NOVAMENTE EM CASA E A VIDA NO BRASIL

Após longa e cansativa viagem, o navio, finalmente, atracava no porto do Rio de Janeiro. Gellio sabia que haveria pessoal do Exército aguardando-o, mas esperava que Alba também o estivesse esperando.

Ao desembarcar, apenas um motorista o aguardava, com a informação de que deveria levá-lo para casa, para descansar. Como sua família ainda estava na casa de uma vila militar, próxima ao Arsenal de Guerra, foi direto para lá, reencontrar sua esposa e filhas.

Era o fim de uma aventura para a família Araújo Lima. A Segunda Guerra Mundial ainda estava no começo e o Brasil não havia tomado uma posição, de qual lado ficaria.

Em 1942, após dezenas de navios brasileiros afundados pelos alemães, e a promessa do Presidente dos Estados Unidos, Franklin Roosevelt, de financiamento para a construção da primeira siderúrgica no Brasil (era um antigo sonho de Getúlio), o País passou oficialmente para o lado dos Aliados. Desse acordo com o governo dos Estados Unidos, nasceu a Companhia Siderúrgica Nacional, na cidade de Volta Redonda, no Rio de Janeiro.

Gellio, depois de retornar ao Brasil, assumiu diversas funções, durante e após o período de guerra. Foi Diretor do Arsenal de Guerra do Rio de Janeiro; Diretor Técnico Militar da Cia. Federal de Fundição; interventor militar em uma empresa alemã, a "Herm Stoltz & Cia"; fez parte da Diretoria de Material Bélico do Exército; foi presidente da Comissão de Energia Atômica do Exército e diretor de Fabricação do Exército.

Em 1956, o então general Gellio de Araújo Lima protagonizou um episódio marcante na história recente do País. O Presidente da República, Juscelino Kubitschek, que estava sendo duramente criticado por membros do primeiro escalão do Exército, veio a público para esclarecer que, por ser o Presidente da República era, também, o comandante das Forças Armadas, e que qualquer pronunciamento ou crítica feita por qualquer membro das Forças Armadas, caracterizaria um desrespeito à hierarquia militar.

Por essa razão, o oficial militar que o fizesse seria sumariamente preso. No dia seguinte, o general Juarez Távora veio a público, novamente criticar o presidente Juscelino, desafiando-o a tomar a decisão de prendê-lo. No mesmo dia, o Ministro da Guerra, general Lott ordenou ao general Gellio que fosse prender o general Juarez Távora.

Foi uma situação bastante difícil, pois Gellio nada tinha, pessoalmente, contra o general Távora e, até mesmo, mantinham um relacionamento bastante amigável. Entretanto, como foi relatado por Gellio em muitas ocasiões, o general Lott deu-lhe apenas duas alternativas, ao saber que Gellio preferia não realizar aquela tarefa: ou sairia do gabinete do ministro para efetuar a prisão do general Távora (no Exército, um militar só pode ser preso por outro de igual patente ou superior) ou sairia daquele encontro preso, pelo próprio ministro...

Gellio de Araújo Lima, então general de brigada, com sua farda de gala.

Em 1957, o general Gellio de Araújo Lima passou para a reserva do Exército, sendo promovido ao posto de marechal. Na mesma ocasião, seu velho amigo, o então também general Francisco Agra Lacerda, igualmente passou para a reserva, sendo promovido, como Gellio, à mesma patente. Fizeram parte do pequeno e último grupo de oficiais superiores do Exército brasileiro a serem promovidos ao posto de Marechal.

O marechal Gellio voltou à Alemanha, com sua esposa, Alba, em 1977 e teve a oportunidade de visitar Essen, pela última vez. Nessa volta a Essen, quase quarenta anos depois, Gellio e Alba fizeram questão de ir à sua antiga rua, a *Izabellestrasse* ver se o lugar onde moraram ainda existia.

Tinham dúvidas sobre o que estaria ou não igual, pois a Alemanha foi muito castigada pelos bombardeios dos Aliados, especialmente no último ano da Segunda Guerra Mundial. Desde a chegada a Essen, e durante o trajeto para o seu antigo endereço, perceberam que, realmente, muita coisa havia mudado e começavam a achar que, dificilmente, veriam o prédio em que moraram ou a vizinhança, da maneira que se lembravam.

Quando foram se aproximando, olhavam as placas das ruas e se lembravam dos nomes e, eventualmente, de algum ponto de referência. Entretanto, a surpresa maior ficou por conta da rua em que moraram, da praça em frente e dos prédios ao redor... Estava tudo igual!

Era impressionante, mas aqueles prédios de quatro ou cinco andares, bem antigos, ainda estavam lá, como em 1938, quando chegaram à Alemanha. Toda aquela área havia sido poupada durante a guerra. Ficaram muito felizes em rever o local e sabiam que, naquele momento, estavam se despedindo definitivamente do lugar mais marcante no qual haviam morado.

Após o fim da guerra, Alfried Krupp, o grande industrial alemão, foi preso e julgado pelo tribunal de guerra, realizado na cidade de Nuremberg, na Alemanha. Aquela corte internacional foi responsável pelo julgamento dos principais membros das Forças Armadas de Hitler e de pessoas ligadas diretamente ao governo e ao partido nazista.

Todos os julgados eram acusados de crimes de guerra e contra a humanidade. As principais acusações que pesavam sobre os nazistas se referiam ao genocídio dos judeus e outros grupos perseguidos antes ou durante a Segunda Guerra Mundial.

Alfried Krupp foi acusado de utilizar mão de obra escrava de judeus e de russos, capturados durante a guerra. Milhares desses trabalhadores morreram trabalhando, fabricando armas para as forças de Hitler.

As acusações eram impressionantes: 70.000 judeus e 12.000 russos teriam trabalhado até a morte nas indústrias Krupp. Pesava contra ele, também, o fato de ter sido Ministro da Produção de Armas do governo de Hitler, a partir de 1943.

Com provas incontestáveis da veracidade das acusações, o Sr. Krupp foi sentenciado a doze anos de prisão e a perder todos os seus bens.

Seu pai, Gustav Krupp, que também havia sido incluído na lista dos criminosos de guerra a serem julgados em Nuremberg, foi absolvido sem julgamento, devido ao avançado estado de debilidade física e mental no qual se encontrava. Faleceu pouco mais de um ano depois.

Poucos anos depois de ser preso, tendo cumprido menos da metade da pena, e sempre alegando inocência (afirmava que fora obrigado pelo regime nazista e que os trabalhadores escravos eram conduzidos e mortos pelo próprio Exército alemão),

Alfried Krupp viu sua sentença ser revogada e recebeu de volta boa parte dos seus bens.

Credita-se a liberdade e o "perdão" que Alfried Krupp recebeu, aos interesses dos Estados Unidos. Na época, o país americano estava empenhado na reconstrução da Europa, através do Plano Marshall (plano de reconstrução da Europa, criado e financiado pelo governo dos Estados Unidos).

Os Estados Unidos e os países europeus precisavam de aço de qualidade para executar o processo de reconstrução das cidades europeias. As indústrias Krupp, especialmente a siderúrgica, comandada pelo Sr. Krupp, estava fazendo muita falta a todo o processo de reconstrução da Europa. Imaginem que, praticamente, o continente europeu estava parcialmente destruído. Era necessário reconstruir casas, prédios, ruas, infraestrutura, ou seja, tudo precisava ser reconstruído ou, no mínimo, consertado.

Além disso, um empresário de visão, como ele, com capacidade para ajudar nessa difícil fase da Europa, e com capital para investir pesado, seria de grande valor. Dentro desse panorama, as indústrias Krupp, dirigidas pelo próprio Sr. Krupp, seriam muito úteis aos mais diversos interesses políticos e econômicos.

Após reassumir a direção de suas empresas, Alfried Krupp tinha apenas uma limitação, imposta pelos vencedores da guerra: a Krupp não poderia mais fabricar armamentos. Com isso, toda a capacidade produtiva da empresa deveria ser voltada, principalmente, para a construção civil e equipamentos de infraestrutura urbana.

Em 1961 Krupp já era, novamente, um dos homens mais ricos do mundo. Após sua morte, seu único filho vendeu toda a participação que tinha nas indústrias da família. Exatamente trezentos e noventa e nove anos após sua fundação, o grupo deixava de pertencer à família Krupp, possibilitando um processo de fusão como outro grupo industrial.

Atualmente a Krupp atua no mercado mundial, com o nome de ThyssenKrupp. O grupo alemão transformou-se em um gigante com cerca de cento e oitenta mil funcionários, faturamento de quase cinquenta bilhões de Euros e atua em mais de oitenta países. Devido às suas origens, a siderurgia da Krupp ainda é um dos pilares principais da empresa, que também atua nos segmentos de escadas rolantes, elevadores, mecânica, maquinário pesado, serviços e tecnologia, entre outros.

Enquanto Alfried Krupp estava sofrendo o processo de julgamento em Nuremberg, Anneliese, agora ex-mulher de Krupp, simplesmente "apareceu" no Brasil, na casa de Gellio e Alba, pedindo abrigo, até que fosse seguro voltar para a Alemanha. Seu país natal estava totalmente destruído e ela, por ter sido esposa do famoso industrial, que estava sendo acusado de tantas atrocidades, temia poder sofrer algum tipo de represália dos aliados ou mesmo dos judeus.

Anneliese ficou no Brasil por alguns meses, sob a proteção de Gellio e sua família. Assim que Gellio teve certeza de que Anneliese poderia voltar à Europa e à Alemanha, cuidou do seu embarque, de volta para a Alemanha e sua família.

A vida do casal Araújo Lima foi longa e tranquila. Viveram até o fim de seus dias no Rio de Janeiro, na casa que compraram pouco tempo depois que voltaram da Alemanha, no bairro da Tijuca que, na época, era um reduto de oficiais militares.

Para Gellio, Alba e suas filhas, o período em que viveram na Alemanha foi uma das partes mais significativas e marcantes de suas vidas. Até hoje, muitas décadas depois, aquela viagem parece ainda fazer parte da vida, não só das quatro irmãs que lá estiveram, mas também da de Irene, a irmã mais nova, que nasceu após o fim da guerra na Europa e sempre conviveu com as histórias de seus pais e suas irmãs vividas em Essen. Netos e bisnetos também nasceram e cresceram ouvindo histórias sobre Gellio, Alba e suas filhas na Alemanha, em uma "aventura" que começou em 1938...

BIBLIOGRAFIA

A Short History of World War II
James L. Stokesbury
Perennial/Harper Collins Publishers, Estados Unidos, 2001

Churchill, Hitler and the Unnecessary War
Patrick J. Buchanan
Crown Publishing, Estados Unidos, 2008

História da Segunda Guerra Mundial
David Jordan
M. Books, Brasil, 2010

Os Brasileiros e a Segunda Guerra Mundial
Francisco Cesar Ferraz
Zahar, Brasil, 2005

O Brasil e a Segunda Guerra Mundial
Vagner Camilo Alves
Loyola, Brasil, 2002

Breve História da Segunda Guerra Mundial
Jesus Hernandez
Madras, Brasil, 2010